KNAUR

Über den Autor:
Markus Wehner studierte Osteuropäische Geschichte und Slawistik. Er bereiste Russland und die anderen Nachfolgestaaten der Sowjetunion und berichtete fünf Jahre lang für die »FAZ« aus Moskau. Seit 2004 ist er politischer Korrespondent der »Frankfurter Allgemeinen Sonntagszeitung« in Berlin. Seine zusammen mit Eckart Lohse verfasste Biografie Karl Theodor zu Guttenbergs trug wesentlich zur Entzauberung des Politikers bei und war ein »Spiegel«-Bestseller.

Markus Wehner

Putins kalter Krieg

Wie Russland den Westen vor sich hertreibt

KNAUR

Besuchen Sie uns im Internet:
www.knaur.de

FSC
www.fsc.org
MIX
Papier aus verantwortungsvollen Quellen
FSC® C083411

Originalausgabe Mai 2016
Knaur Taschenbuch

Ein Imprint der Verlagsgruppe
Droemer Knaur GmbH & Co. KG, München

Covergestaltung: ZERO Werbeagentur, München
Satz: Adobe InDesign im Verlag
Druck und Bindung: CPI books GmbH, Leck
ISBN 978-3-426-78814-1

5 4 3 2 1

Inhalt

1. Putins Ziele, Russlands Ideologie

Im Krieg

Russland ist im Krieg. Wladimir Putin hat ihn schon vor Jahren begonnen. Er geht gegen den Westen. Der russische Präsident schreckt nicht davor zurück, internationale Verträge zu brechen und militärische Gewalt einzusetzen. Die Annexion der Krim und der Waffengang in der Ukraine, dem bislang mindestens zehntausend Menschen zum Opfer gefallen sind, haben das bewiesen. Das Ziel von Putins Krieg: Russland soll wieder eine Großmacht sein, die überall auf der Welt mitbestimmt, dafür muss der Einfluss des Westens zurückgestutzt werden.

Dieser Krieg wird nicht nur an unterschiedlichen Fronten militärisch ausgetragen. Wichtiger noch sind Propaganda, Provokation, Einschüchterung, verdeckte Einflussnahme und Spionage. Das ist das Arsenal des alten Kalten Krieges, aber der neue kalte Krieg geht darüber hinaus. Die Mittel sind in einer globalisierten Welt vielfältiger geworden. Und Russland weniger berechenbar.

Ist Europa auf diesen Krieg vorbereitet? Hat Europa erkannt, dass Russland diesen Krieg führt? Hat Europa eine Strategie entwickelt, um auf diese gefährliche Herausforderung zu reagieren? Die Antwort auf alle drei Fragen lautet Nein. Und gerade Deutschland, als europäische Führungsmacht, will die Konfrontation mit Russland nicht. Wegen der belasteten Geschichte als Eroberer und Zerstörer im Osten Europas, wegen des Schuldbewusstseins.

Und auch aus Nähe zu Russland, das mehr als vierzig Jahre den östlichen Teil des heutigen Deutschland besetzt gehalten hat. Deutschland, und mit ihm Europa, schreckt vor einer Konfrontation zurück, auch weil es viele andere Probleme hat: die Integration von Hunderttausenden Flüchtlingen, die Bedrohung durch islamistischen Terrorismus und Rechtsextremismus, die Lage im Nahen Osten, die Krise der Eurozone und die Probleme des Zusammenhalts der EU. In vielen Fragen wird daher auf eine Kooperation mit Russland gesetzt. Das ist einerseits gut. Aber es darf andererseits nicht dazu führen, die Wirklichkeit auszublenden. Und diese heißt: Russland sieht den Westen und Europa heute als Gegner, wenn nicht als Feind.

Putins Denken in den Kategorien der Geopolitik und des Kriegs prägt das politische und gesellschaftliche Leben Russlands und sein Agieren auf internationaler Bühne. Russland wähnt sich in einem Überlebenskampf. Putins Botschaft an das Volk lautet: Es gibt viele Feinde, die unser Land erniedrigen und zerstören wollen. Der größte Feind sind die Vereinigten Staaten von Amerika. Diese Gegnerschaft ist nicht neu, früher bestand die Systemfeindschaft zwischen der sozialistischen Sowjetunion und dem kapitalistischen Amerika. Diesen Gegensatz gibt es nicht mehr. Doch das alte Feindbild wird von Putin reaktiviert. Amerika, der Westen, die Nato als Feind – das ist ein Glaubensbekenntnis, das sich in der täglichen Propaganda und auch – wieder – in den russischen Militär- und Sicherheitsdoktrinen findet. Die imperiale Weltsicht der amerikanischen Neokonservativen wirkt als Rückkoppelung und Verstärker dieser russischen Ängste. Der Interventionismus der amerikanischen Außenpolitik, vor allem unter George W. Bush, dient Russland als Vorbild und Rechtfertigung für seine eigene Politik. Zugleich ist Amerika das Land, mit dem sich Russland ständig vergleicht und das es letztlich bewundert. Nur die Vereinigten Staaten können aus russischer Sicht der Maßstab für die Großmacht Russland sein – deshalb will Moskau von Washington »auf Augenhöhe« angesprochen werden. Das russische Fernsehen weist gern darauf hin, wie oft Putin mit Barack Obama telefoniert. Und Putin berichtet im inneren Kreis, wenn ein Telefonat mit dem amerikanischen Präsidenten länger dauerte als verabredet.

Auch das Verhältnis des Kremls zu Europa ist von der russischen Fixierung auf Amerika geprägt. Die Europäische Union wird ebenfalls als Gegner betrachtet. Je enger ein EU-Staat mit den Amerikanern verbunden ist, umso feindlicher ist er in der Wahrnehmung des Kremls. Die aktuelle Feindkonjunktur ist allerdings auch einem Wandel unterworfen, die schlimmsten Gegner wechseln je nach politischer Lage: Mal sind es die Georgier, die sich zu sehr von den Amerikanern unterstützen ließen und in einem Krieg bestraft wurden. Mal sind es die Ukrainer, die gerade noch ein Brudervolk waren, jetzt aber wegen ihrer Annäherung an die EU zu »Faschisten« geworden sind. Dann sind es die Türken, mit denen man regen Handel trieb und weitreichende Gasgeschäfte machen wollte. Doch nach dem Abschuss eines russischen Flugzeugs an der syrischen Grenze sind die Türken Komplizen der Terroristen. Auch die Deutschen, seit Jahrzehnten unter den beliebtesten Nationen in Russland, sind nicht mehr gut gelitten. Auf der Liste der feindlichen Nationen nimmt Deutschland mittlerweile einen vorderen Platz ein.

Der Geheimdienst an der Macht

Wie konnte es dazu kommen? Hatte Putin nicht in seiner Rede vor dem Bundestag im September 2001 in der Sprache von Goethe und Schiller das gemeinsame europäische Haus beschworen? Hatte er nicht gesagt, die Innenpolitik Russlands diene dazu, Freiheit und demokratische Rechte zu garantieren? Dass der Kalte Krieg vorbei sei? Die Abgeordneten standen auf und applaudierten. Nur wenige sahen, dass er schon damals ein Großeuropa unter russischer Führung gegen Amerika stellte.

Manche Beobachter verstanden diese Rede als eine gelungene Operation eines ehemaligen KGB-Agenten. Denn mit Putin kamen die Leute aus den Geheimdiensten an die Macht. Mit ihnen zog ein anderes Denken in den Kreml ein. Die Leute aus dem KGB sind keine Politiker im westlichen Sinn, sie haben keine Karriere in Parteien gemacht. Sie denken in den Kategorien von Schwarz und Weiß, Freund und Feind, Gewinnen und Verlieren. Sie wissen, wie man Menschen und Organisationen manipuliert, diskreditiert und »austrickst« – ein Wort, das Putin gern benutzt. Als Präsident stärkte er Polizei, Armee und die Geheimdienste. Ehemalige und aktive Geheimdienstler wurden der »neue Adel« in Russland. So schuf Putin ein Gegengewicht zu den Oligarchen, den Superreichen Russlands. Sie mussten sich mit den neuen Machthabern einigen. Putin wies die Oligarchen in die Schranken, aber er machte den Staat selbst zum Superpaten der russischen Wirtschaft.

In einem Land, das er im Chaos versinken sah, setzte Putin von Anfang an auf die Personalreserve, der er vertraute: Geheimdienste und Militär. Hatten unter Putins Vorgänger Boris Jelzin Ärzte und Historiker, Parapsychologen und Zirkusartisten Karriere in der Politik gemacht, taten es nun die Uniformträger.

Putins neue Oberaufseher in den Regionen schufen sich Apparate, deren Mitarbeiter zu 70 Prozent aus den Diensten und den Streitkräften stammten. Die Moskauer Soziologin Olga Kryschtanowskaja sezierte schon vor Jahren die Biografien von gut tausend führenden Politikern Russlands, von den Abteilungsleitern im Kreml, Ministern, Abgeordneten beider Parlamentskammern, Leitern der Bundesbehörden und Chefs in den Regionen. Nach ihren Untersuchungen hatten 78 Prozent der Elite sich ihre Sporen beim sowjetischen Geheimdienst KGB oder in der Armee verdient. Glaubten manche in Putins erster Amtszeit noch, der Präsident balanciere zwischen Geheimdienstleuten und »Liberalen«, so ist heute klar, dass die Leute aus dem KGB das Sagen haben. Stützte sich Putin früher auch auf Wirtschaftsliberale, Leute wie den früheren Finanzminister Alexej Kudrin oder German Gref, heute Chef der »Sberbank«, der größten Finanzinstitution Russlands, so ist deren Einfluss geschwunden.

Bei der Zerschlagung des Yukos-Konzerns, des größten Ölunternehmens des Landes, war der Inlandsgeheimdienst FSB an vorderster Front dabei. Igor Setschin, ein alter KGB-Mann und Büroleiter von Putin während dessen Zeit in der Petersburger Stadtverwaltung, übernahm die Leitung der Operation, in deren Zuge der Ölmilliardär Michail Chodorkowskij 2003 verhaftet und anschließend zur Lagerhaft verurteilt wurde. Der seinerzeit reichste Mann Russlands hatte politische Ambitionen gezeigt und mehrere oppositionelle Parteien finanziell unterstützt – dafür wurde er bestraft. Yukos wurde von Rosneft geschluckt, dem staatlichen Ölkonzern, den Setschin leitet.

Zum engsten Kreis um Putin gehört auch Sergej Tschemesow. Der Leiter des Rüstungskonzerns Rostec ist für die Modernisierung des Militärs zuständig. Tschemesow kennt Putin schon aus gemeinsamen KGB-Zeiten in der DDR der achtziger Jahre. In Putins Führungszirkel spielen weitere KGB-Veteranen eine zentrale Rolle: Nikolaj Patruschew, jahrelang Chef des Inlandsgeheimdienstes FSB, ist heute Sekretär des Sicherheitsrats. Und Sergej Iwanow, der als treibende Kraft die theoretischen Grundlagen für die Putin-Zeit schuf, etwa Russlands Sicherheits- und Militärdoktrin. Später diente er als Verteidigungsminister und Vize-Regierungschef, heute ist er Stabschef im Kreml.

Putin hat in dieser Gruppe eine herausgehobene Rolle inne. Im Kartell der Eliten ist er für die Balance zuständig. Er spielt den Schiedsrichter, trifft letztlich die Entscheidungen und vertritt die Beschlüsse nach außen.

Viele Russen haben die Freiheit und Zügellosigkeit unter Präsident Boris Jelzin als bedrohlich empfunden. Mit der Herrschaft der Geheimdienstleute ist die traditionelle russische Regierungsform, in der das Zentrum bestimmt und Demokratie keinen Platz hat, wieder erstarkt. Anders als in Deutschland und manchen ostmitteleuropäischen Ländern gab es in Russland keine Ächtung des kommunistischen Geheimdienstes. Im Gegenteil: Die Geheimdienstleute bestimmen mehr denn je, wo es langgeht. Und gemäß ihrer Profession suchen sie nach Feinden, die es zu bekämpfen gilt.

Westliche Illusionen

In Deutschland und in Europa gaben sich viele lange der Illusion hin, Putin strebe am Ende doch so etwas wie eine westliche Demokratie an. Doch seine Mitarbeiter und Berater sprachen bald von »souveräner Demokratie«. Das hieß: Der Westen hat kein Recht, darüber zu entscheiden, was demokratisch ist und was nicht. Er nutzt, aus Putins Perspektive, das Beharren auf Demokratie und Menschenrechten nur, um Russland und andere Länder zu schwächen. Zwar gibt es in Russland Institutionen, wie wir sie aus der Demokratie kennen, etwa ein Parlament mit zwei Kammern, ein Verfassungsgericht und politische Parteien. Aber sie sind eher eine Imitation, spielen eine ganz andere Rolle im Machtgefüge als im Westen. Entschieden wird ganz oben. Dafür wurden Präsidenten- und Parlamentswahlen gefälscht, der Kreml bestimmte das Ergebnis. Tschetschenien meldete dann Rekordzahlen für Putin. Der Westen beruhigte sich damit, dass Putin die Wahlen wohl auch gewonnen hätte, wenn ehrlich gewählt worden wäre.

Putin und seine Führungsgruppe entwarfen seit dem Jahr 2000 derweil ihre strategischen Ziele. Eine neue, multipolare Weltordnung soll entstehen, in der der Westen, die Vereinigten Staaten nicht mehr dominieren. Der Westen hat diese Ziele nicht ernst genommen. Die Schwäche, die Russland in den neunziger Jahren zeigte, hat ihn dazu verführt, Russland als zweitrangige Macht zu betrachten. Putins Tiraden gegen den Westen, bis hin zu seiner wütenden Programmrede auf der Münchner Sicherheitskonferenz 2007, wurden als das Brüllen eines zahnlosen

Tigers belächelt. Das galt für die Kritik an der unipolaren Weltordnung ebenso wie für jene an der angeblichen Einkreisung Russlands durch die Nato. Viele hofften, Russland werde allein seiner wirtschaftlichen Entwicklung zuliebe ein Auskommen mit dem Westen suchen und finden.

Die Hoffnung schien sich zunächst auch zu bestätigen, als Dmitrij Medwedjew 2008 das Präsidentenamt übernahm. Nun könne ein neues Kapitel in den Beziehungen aufgeschlagen werden, glaubten Barack Obama und Angela Merkel. Sie setzten auf den neuen Präsidenten, der liberalen und westlichen Werten eher verbunden schien als sein Vorgänger. Doch Putin hielt weiter die Zügel in der Hand. Und Washington tat wenig, um Medwedjew zu stärken. So wurde dieser, als was er in der Führungsrunde der KGB-Leute gilt: ein Laufbursche, Mister Impotent.

Deutschland setzte auf die Idee, Europa könne Russland als Partner bei der Modernisierung helfen. Die Idee nahm allerdings niemals Gestalt an. Russland wurde moderner, wenn es um westlichen Konsum ging. Doch die politische und gesellschaftliche Entwicklung führte in eine andere Richtung. Der Zerfall des sowjetischen Imperiums traf die Russen Anfang der neunziger Jahre unerwartet. Das wirtschaftliche Wachstum und die neuen Freiheiten führten dazu, dass das postimperiale Trauma zunächst kaum bemerkt wurde.

Doch heute sieht sich Russland als eine gedemütigte Nation. Es kompensiert sein Verlusttrauma mit männlicher Großmannssucht, der Verherrlichung maskuliner Ideale, auch mit Gewalt und Krieg. Seine Führung leistet solchen Gefühlen und Stimmungen in der Gesellschaft Vorschub. Der Kreml hat die russische Bevölkerung über Jahre ideologisch auf eine Entwicklung vorbereitet, wie wir sie heute erleben. Geschichtsbücher wurden im Sinne einer heldenhaften Geschichte Russlands umgeschrieben; Nichtregierungsorganisationen und Oppositionsparteien als feindliche, fremdgesteuerte Kräfte gebrandmarkt; die Jugend im nationalpatriotischen Geist indoktriniert. Der Staat, die Nation und das Kollektiv sollen über allem stehen. Für seinen Krieg gegen die Feinde Russlands braucht Putin eine konsolidierte Nation. Die Grundlage dafür ist der russische Nationalismus. Er macht nicht an den Grenzen Russlands halt.

Die »russische Welt«

Wladimir Putin hatte lange geschwiegen. Doch dann mischte er die Runde der Politiker, Wissenschaftler, Diplomaten und Journalisten auf. Niemand habe die Liquidierung des sowjetischen Imperiums bewusst angestrebt, das sei abwegig. Die kommunistische Parteiführung unter Michail Gorbatschow habe mit ihren »ungeschickten Handlungen« den Zerfall der Sowjetunion aber leider herbeigeführt. Die Folge sei, dass nun plötzlich 25 Millionen Russen im Ausland lebten. »Russland kann es sich einfach nicht leisten – allein schon im Interesse der Sicherheit in Europa –, dass diese Menschen willkürlich ihrem Schicksal überlassen bleiben«, fuhr Putin fort. Er appellierte an seine Zuhörer aus dem Westen: »Vergessen Sie nicht, dass

Russland im Interesse der allgemeinen Sicherheit und des Friedens in Europa freiwillig riesige Territorien an die ehemaligen Republiken der Sowjetunion abgegeben hat; darunter auch solche Territorien, die historisch immer zu Russland gehört haben.« Welche Territorien hatte Putin im Sinn? »Ich denke dabei nicht nur an die Krim oder an Nordkasachstan, sondern beispielsweise auch an das Kaliningrader Gebiet«, sagte er.[1]

Diese Worte stammen nicht aus dem Jahre 2014, als Russland die Krim besetzte, sondern vom März 1994. Damals fand im Gästehaus der Stadt St. Petersburg eine Tagung der Körber-Stiftung zum Thema »Russland und der Westen« statt. Putin war 41 Jahre alt, hatte neunzehn Jahre lang beim Geheimdienst gearbeitet und war seit zwei Jahren Vize-Bürgermeister von St. Petersburg. »Wladimir W. Putin, Jahrgang unbekannt« stand auf der Teilnehmerliste. Damals reagierte die deutsche Russland-Historikerin Ingeborg Fleischhauer auf seinen Beitrag. Putin habe die Anwesenden »mit seiner Vision einer urtümlich russischen Territorialbestimmung sicher überrascht«, sagte sie. Letztlich ziele er auf eine archaische Vorstellung: »Territorien, die von russischem oder von slawischem Blut getränkt sind, haben ein Recht darauf, für immer in slawischem Besitz zu bleiben.« An Putins Worten erkenne man, dass »diese Mentalität noch wach ist«.[2]

Zwanzig Jahre danach beansprucht Russland die Krim wieder für sich. Putins Ansichten sind geblieben: Die russische Welt ist größer als Russland. Sie wird also nicht definiert durch staatliche Grenzen, sondern ethnische, sprachliche, historische und zivilisatorische Zugehörigkeit. Sprache, Kultur, Identität sind Teil der russischen

Geopolitik geworden, sie dienen der Rechtfertigung politischer und militärischer Interventionen im Ausland.

Tatsächlich sind viele Russen nach dem Ende der Sowjetunion in den Staaten des Kaukasus und Zentralasiens zu Bürgern zweiter Klasse geworden; viele haben diese Länder verlassen und sind nach Russland oder in europäische Staaten übersiedelt – etwa die Russlanddeutschen aus Kasachstan in die Bundesrepublik. Moskau hat sich damals wenig um das Schicksal dieser Russen gekümmert – thematisiert wurde nur die Lage der Russen in den baltischen Staaten. Doch nun hat der Kreml die vielen Millionen Russen außerhalb Russlands wiederentdeckt, viele von ihnen werden zumindest in der Sicht des Kremls als Russen diskriminiert. Moskau sorgt dafür, dass die Zahl der Russen wächst. Wer Russisch kann und einen Vorfahren hat, der in Russland oder der Sowjetunion einen dauerhaften Wohnsitz hatte, kann seit 2014 in einem vereinfachten Verfahren russischer Bürger werden.

Wenn man Putin so versteht, dass Moskau den Russen in kompakten Siedlungsgebieten im Ausland »Schutz« gewähren müsse, dann wären viele Nachbarländer betroffen: Kasachstan, aber auch Weißrussland, Moldau sowie Estland, Lettland und Litauen. Gerade die drei baltischen Staaten sind, auch wenn sie zur Nato und zur EU gehören, in der Sicht des Kremls Teil einer besonderen Zone zwischen der »russischen Welt« und dem Westen. Der russische Außenminister Sergej Lawrow hat 2014 auf dem jährlichen Waldai-Diskussionsforum gesagt, Moldau und die baltischen Staaten sollten ihre Schlüsse aus dem Konflikt in der Ukraine ziehen.[3] Dieses Denken muss Europa alarmieren. Denn es bedeutet, dass Russland auch Länder

der EU und Nato als unmittelbare Sphäre seines Einflusses betrachtet, für die besondere Regeln gelten.

Putin begründet so aber nicht nur ein Interventionsrecht Russlands für den postsowjetischen Raum. Bei einem Treffen mit russischen Diplomaten Anfang Juli 2014 kündigte er an, auch andernorts die Interessen der Russen im Ausland zu verteidigen. Entscheidend sei dabei nicht die ethnische Zugehörigkeit, sondern es gehe um alle, »die sich selbst als einen Teil der großen russischen Welt fühlen«. Den Begriff der Landsleute definierte Putin so: »Wenn ich von Russen oder russischsprachigen Bürgern spreche, beziehe ich mich auf Menschen, die sich selbst als Teil der großen russischen Gemeinschaft verstehen. Sie müssen nicht unbedingt ethnische Russen sein, aber sie sehen sich selbst als Russen.«[4]

Die Idee der »russischen Welt« bedeutet, dass nicht mehr eine Solidarität nach Klassen wie zu Sowjetzeiten, sondern ein nach Herkunft, Sprache und Überzeugung definiertes Russentum zum Leitthema der Politik wird. Es ist im Grunde eine erweiterte völkische Idee. Sie erinnert, wie der Historiker Karl Schlögel schreibt, »an die Instrumentalisierung von Volksdeutschen in den osteuropäischen Staaten der Zwischenkriegszeit durch die Regierungen zuerst der Weimarer Republik, dann des Dritten Reiches«. Damals hieß es, so Schlögel: »Wo Deutsche leben und Deutsch gesprochen wird, ist Deutschland«.[5] Putin verfolgt ein ähnliches Konzept: Russen, ethnische oder auch nur gefühlte, müssen überall auf der Welt vom russischen Staat verteidigt werden. Auch Deutschland, wo vier Millionen russischsprachige Menschen leben, hat diese Doktrin der Einmischung Anfang 2016 im »Fall Lisa« erlebt. Putins Die Welt wird eingeteilt in die »Unseren« und die »anderen«. Die Verteidigung der Unseren macht auch vor staatlichen Grenzen nicht halt und setzt internationale Verträge und das Völkerrecht außer Kraft. Sie ist zugleich das Versprechen einer »Rückkehr Russlands als Großmacht, die die Agenda der Weltpolitik bestimmt«.[6]

Auf der Suche nach einer Ideologie

Ist also das Konzept der russischen Welt Putins neue Ideologie? Gibt es diese Ideologie überhaupt? Im April 2005 hat Putin das Ende der Sowjetunion die »größte geopolitische Katastrophe des Jahrhunderts« genannt. Sein Bedauern war echt, aber es hatte wenig zu tun mit kommunistischer Nostalgie. Aus Putin sprach kein Parteifunktionär, sondern ein KGB-Agent, der die verlorene Größe des Imperiums beklagte.

Kommunistisch ist Russland heute nicht mehr. Trotz des starken staatlichen Sektors gibt es immer noch eine Marktwirtschaft. Die kommunistische Ideologie war schon tot, als Putin und seine heute regierenden Altersgenossen sozialisiert wurden. Von dem Ziel, einen neuen Menschen zu schaffen, ist nichts mehr übrig. Geblieben sind Nationalismus und die Ambitionen einer Großmacht. Geblieben ist auch die Überzeugung, dass Russland sich durch seine Unvergleichbarkeit und Einmaligkeit vom Rest Europas abhebt, dass es einen ganz eigenen Weg gehen muss. Putin hat es verstanden, den imperialen Geist der Sowjetunion zu wahren, seinen kommunistischen Inhalt aber abzustreifen. Die Sowjethymne wurde 2000 wieder eingeführt, der Text entkommunisiert und mit patriotisch-religiösen Inhalten wie »unsere heilige Macht Russland« aufgefüllt.

Drei Kernelemente der heutigen russischen Staatsideologie hat der Kulturhistoriker Ulrich Schmid benannt: den Neoimperialismus, die religiöse Legitimierung durch die russische Orthodoxie und eine geopolitische Begründung durch das Eurasiertum.[7] Ob das eine Ideologie ausreichend beschreibt, sei dahingestellt. Sicher ist, Putin und seine Mitstreiter machen Anleihen bei der russischen Orthodoxie ebenso wie bei nationalistischen und konservativen Denkern. Putin hat sich dabei immer wieder auf den Philosophen Iwan Iljin bezogen, einen Monarchisten, der 1922 auf Geheiß Lenins auf dem sogenannten Philosophenschiff aus der Sowjetunion ausgewiesen wurde.

Das hat seinen Grund: Alle Ideen Putins, der starke Staat, die Machtvertikale, die »Diktatur des Gesetzes« – ein Slogan, mit dem er im Jahr 2000 angetreten war – und auch der Anspruch Russlands, Großmacht zu sein, finden sich in Iljins Werken, wie der Schweizer Philosoph und Russlandkenner Felix Philipp Ingold feststellte.[8] Im Herbst 2005 wurde Iljins Leiche aus der Schweiz nach Moskau überführt und im Beisein Putins im Moskauer Donskoj-Kloster beigesetzt.

Spätestens seit 2008 hat der Kreml begonnen, national geprägte ideologische Versatzstücke zu propagieren, wobei Begriffe wie Zivilisation und Souveränität entscheidend waren. Ein Forum für die neue Ideologie wurde aber erst 2012 ins Leben gerufen. Nach den Protesten in Moskau im Winter 2011/12 entschied die russische Führung, die liberalen Teile der Opposition zu kriminalisieren, die Kommunisten, Orthodoxen sowie Monarchisten aber für sich zu gewinnen.

Dafür wurde im September 2012 der Isborsker Klub gegründet, benannt nach einem Dorf im Gebiet Pskow. Er ist eine Art national-ideologischer Thinktank des Kremls. Ein großer Teil der Gründungsmitglieder ist verbunden mit dem stellvertretenden Ministerpräsidenten Dmitrij Rogosin, einem Nationalisten, der für die Rüstungsindustrie zuständig ist, sich aber auch um Ideologie kümmert. Auch der Minister für Außenhandelsbeziehungen, Sergej Glasjew, im Konflikt um die Ukraine ein Hauptpropagandist, gehört zum Isborsker Klub. Führende Köpfe sind zudem der nationalkommunistische Autor Alexander Prochanow und Alexander Dugin, quasi der Chefideologe der Eurasier-Bewegung.

In seinen Berichten lobt der Klub den Diktator Stalin, beklagt aber, dass die »fünfte Kolonne«, also die Verräter im Lande, noch stärker sei als in den dreißiger Jahren. Die Mitglieder des Klubs fordern eine »Revolution von oben«, um eine vom Ausland unterstützte Revolution von unten zu verhindern. Und sie rufen dazu auf, der Bevölkerung klarzumachen, dass das Land von Feinden im Innern wie von außen bedroht sei. Russland soll als starker Staat auftreten, für den sowohl die zaristische als auch die sowjetische Zeit als Vorbild dienen soll. Von einer geschlossenen Ideologie lässt sich auch beim Isborsker Klub nicht sprechen. Unverrückbar sind aber Antiamerikanismus und Antiliberalismus. Dass Putin keine klare Ideologie verfolgt, das hat der Isborsker Klub selbst als Vorteil beschrieben. Putin sei »zu klug«, um seine Agenda mehr als nötig an ideologische Programme zu binden: »Weltanschauliche Konsistenz impliziert eine Einschränkung politischer Handlungsräume, zu der kein pragmatischer Politiker bereit ist.« Und Putin sei zu sehr Interessenpolitiker, »um seine Dämonie der Macht anderen Dämonen zu überlassen«.[9]

Putin hat auch die russisch-orthodoxe Kirche für sich in Anspruch nehmen können. Er besucht zu hohen Feiertagen Gottesdienste, ist nach eigener Auskunft zu Sowjetzeiten heimlich getauft worden und hält sich angeblich an die Fastenregeln. Er hat einen Beichtvater, Tichon Schewkunow, der als einflussreich gilt und zum Isborsker Klub gehört.

Die Tradition der orthodoxen Kirche, die sich im Gegensatz zu den anderen christlichen Kirchen Europas als das dritte und einzig wahre Rom sieht, passt mittlerweile perfekt zu dem staatlichen Abgrenzungskurs gegenüber dem Westen. Laut einem Satz des Mönchs Filofej aus dem 16. Jahrhundert hat Russland die Nachfolge von Rom und Byzanz angetreten und damit das christliche Erbe als einziges Land unverfälscht bewahrt. Und die orthodoxe Kirche besteht auf der Idee des dreieinigen russischen Volkes, das aus den Großrussen, den Kleinrussen, also Ukrainern, und den Weißrussen bestehe.

Die Bedeutung der Orthodoxie geht einher mit der Propagierung traditioneller Familienwerte, der Ablehnung von Homosexualität und jeglicher Absage an politischen und gesellschaftlichen Liberalismus. Liberalismus ist heute in Russland geradezu zum Synonym für die angeblich dekadente »Gay-Kultur« des Westens geworden.

Zugleich beschränkt sich die Rückbesinnung auf die

Orthodoxie nicht darauf, dass religiös-weltanschauliche Inhalte propagiert werden. Sie ist längst auch Teil der Popkultur Russlands geworden. So tragen die »Nachtwölfe«, nationalistisch gesinnte Motorradrocker, mit deren Chef Alexander Saldostanow, genannt »Chirurg«, sich Putin gern in der Öffentlichkeit zeigt, auch orthodoxe Symbole auf ihren Kutten. Bei einer Bike-Show in Sewastopol auf der Krim im August 2014 las Saldostanow Gedichte vor, die den sowjetischen Diktator Stalin als Hüter der Orthodoxie priesen.[10]

Die ideologische Ausrichtung zeigt sich auch im scheinbar widersprüchlichen Umgang mit der eigenen Vergangenheit, der russischen und sowjetischen Geschichte. So wird die Familie des letzten Zaren, Nikolaus II., heute in Russland als Märtyrer und Heilige verehrt. Zugleich ist jener Politiker, der den Mord an ihnen in Auftrag gab, nämlich der Revolutionsführer Lenin, weiter im Mausoleum auf dem Roten Platz aufgebahrt und dort selbst Objekt einer atheistischen Heiligenverehrung.

Auch der Umgang mit Stalin ist widersprüchlich. Von Putin ist überliefert, dass er einst auf Stalin angestoßen habe. Er hat aber auch Butowo besucht, den Ort am Rande Moskaus, wo Massenerschießungen während des Großen Terrors 1937/38 stattfanden, als binnen eines Jahres 700 000 Bürger vom Staat ermordet wurden. Es ist nicht verboten, Stalin zu verherrlichen oder stalinistische Propaganda zu verbreiten, Kommunisten haben in mehreren Städten Stalin-Denkmäler aufgestellt. Gleichzeitig hat in Moskau ein Gulag-Museum zur Erinnerung an die Schreckenslager eröffnet, ein Denkmal für die Opfer sowjetischer Repressionen soll errichtet werden. Doch Stalin verurteilen will der Kreml nicht. Denn der Diktator, der Millionen Russen auf dem Gewissen hat, war im Zweiten Weltkrieg Oberbefehlshaber der Roten Armee.

Der Sieg im »Großen Vaterländischen Krieg« ist der zentrale positive Bezugspunkt der Nation. Stalins Rolle kritisch zu beleuchten würde auch heißen, über einen Führer zu sprechen, für den der Staat wichtiger war als alles andere. Der sich von Feinden im Äußern eingekreist wähnte – und an eine fünfte Kolonne von Verrätern im Innern glaubte. Es sind Vorstellungen, wie sie unter Putin wieder populär geworden sind. Als sich Künstler und Oppositionspolitiker gegen den Krieg in der Ukraine stellten, wurden sie in Moskau auf Großplakaten als »fünfte Kolonne« gebrandmarkt. Einer der dort Abgebildeten, der Politiker Boris Nemzow, wurde Ende Februar 2015 ermordet. Eine Debatte über Stalin würde Assoziationen hervorrufen, an denen der Kreml kein Interesse hat.

Der Kreml will die Kontrolle behalten über den Umgang mit seiner Geschichte. Der Leitgedanke ist: Gut ist alles, was Russlands Staatlichkeit stärkt und seine imperiale Tradition. Deswegen wird das »Beste« aus der Zarenzeit und der Sowjetunion in Anspruch genommen, werden die weißen Generäle im Bürgerkrieg rehabilitiert, die für den Zaren, das Imperium und die Orthodoxie kämpften, aber auch ihre kommunistischen Gegner. Schließlich setzte auch Lenin als Gründer der Sowjetunion die imperiale Tradition fort – auch wenn man behaupten könnte, dass er, im Ersten Weltkrieg vom deutschen Generalstab im verplombten Waggon nach Russland geschickt, eine erste »farbige Revolution« in Russland entfacht hat.

Putins Ziele

Das Fehlen einer klaren Ideologie macht das System Putin, anders als die Sowjetunion, besonders unberechenbar. Die Schritte im Innern wie auch in der Außenpolitik sind Reaktion auf innere Ereignisse und äußere Impulse. Das Hauptmotiv politischen Handelns ist der Machterhalt. Je nach Situation werden dafür verschiedene ideologische Begründungsmuster herangezogen. Machterhalt ist für jede Regierung ein wichtiges, ja vorrangiges Anliegen. Im autoritären Staat geschieht das nicht im politischen Wettbewerb über freie Wahlen, sondern durch von oben eingeleitete Operationen, die die Legitimität des Regimes erhalten sollen. Diese Legitimität aber sieht Putins Mannschaft ständig infrage gestellt.

Legitimität bezieht die führende Gruppe nicht zuletzt aus der Zustimmung zur Person des Präsidenten. Putins Popularität geht auf die staatliche Propaganda zurück, aber auch die Erhöhung des Lebensstandards und ein Zuwachs an staatlicher Ordnung im Vergleich zu den Neunzigerjahren spielen eine Rolle. Putin ist zugleich ein erfolgreiches PR-Produkt. Er gilt als nicht korrupt, bescheiden, anständig und sportlich, als Kerl aus dem Volk. Er inszeniert sich als Naturbursche, Reiter, Taucher, Angler, Pilot, Eishockeyspieler und Judoka. Dass hohe Popularitätswerte für einen Führer in einem autoritären Staat tatsächliche und nachhaltige Unterstützung der Bevölkerung bedeuten, kann man bezweifeln. In Russland gibt es zudem die Tradition, der Regierung und der Bürokratie zu misstrauen, aber den obersten Machthaber, den »guten Zaren«, über dieses Misstrauen zu erheben. Richtig ist jedenfalls auch: Putin verkörpert die Sehnsüchte, Phobien und Komplexe seines Landes. Russland sah sich schon von jeher von außen bedroht, auch wenn es von seinen Nachbarn selbst als Bedrohung wahrgenommen wurde. Die Vorstellung, dass rundherum Feinde lauern, ist älter als Putins Regime und auch als die Sowjetunion. Putin knüpft an diese Vorstellung an, er kultiviert sie. Sie gehört zum archaischen Bewusstsein Russlands ebenso wie die Überzeugung, dass es ein Land sei, das einen ganz eigenen Weg gehen muss. Putin fühlt in diesem Sinne wie die Mehrheit der Russen. Sein Macho-Gehabe, sein zur Schau gestellter Zynismus, sein Setzen auf Gewalt als Lösung kommen in weiten Teilen der Bevölkerung gut an.

Viele Beobachter im Westen gehen davon aus, dass Russlands politisches System vor allem eine Kleptokratie ist. Russland ist danach ein Staat, geprägt von Mafia-Methoden, in dem die herrschende Elite vor allem das Ziel verfolgt, den eigenen Reichtum zu bewahren und zu vermehren. In diesem Sinne ist Putin der Oberpate, der dafür sorgt, dass die verschiedenen konkurrierenden Gruppen sich nicht gegenseitig zerstören. Über die Milliarden, die dem russischen Präsidenten angeblich gehören, ist viel geschrieben worden, auch darüber, wie seine Verwandten, Studienfreunde und Vertrauten zu großem Geld gekommen sind.

Doch Putin ist kein Oligarch. Geld interessiert ihn nicht in erster Linie. Das gilt auch für den inneren Machtzirkel. Natürlich haben alle, die zu ihm gehören, Reichtum angehäuft. Aber das ist Teil des russischen Systems, wo jeder hohe Beamte, der kraft seines Amtes kein Millionenvermögen verdient hat, nicht ernst genommen wird.

Dass jeder, der Staatsaufträge vergibt, davon persönlich profitiert, und derjenige, der einen Auftrag will, dafür bezahlt – das sind die ungeschriebenen Regeln des Spiels.

Seine Freunde und Mitstreiter aus dem KGB, der Petersburger Stadtverwaltung und der früheren Datschen-Kooperative »Osero« nördlich von St. Petersburg hat Putin gut untergebracht. Sein Kumpel Jurij Kowaltschuk aus der Datschen-Gemeinschaft ist führend in der St. Petersburger Bank Rossiya tätig und gilt als Milliardär. Putins früherer Judolehrer Arkadij Rotenberg hat zusammen mit seinem Bruder Boris als Bauunternehmer die ersten Milliarden gemacht. Und Putins enger Freund aus Petersburger Zeiten Gennadij Timtschenko gehört mit einem geschätzten Vermögen von 14 Milliarden Dollar zu den reichsten Männern Russlands. Doch Putins Mannschaft ist keine Truppe von Staatsoligarchen, denen es nur um die Pfründe geht. Oder wie der bulgarische Politologe Ivan Krastev es formuliert: »Man kann korrupt sein und gleichzeitig eine Mission haben. Wenn es nur darum ginge, sich zu bereichern, hätte der Kreml nicht die Krim annektiert. Wer schon ein paar Milliarden zusammengerafft hat, kann durchaus beginnen, sich Gedanken über seinen Platz in den Geschichtsbüchern zu machen.«[11] Es ist eine Fehlwahrnehmung des Westens, Putins Herrschaftssystem nur als Kleptokratie zu beschreiben.

Die Sache ist ernster. Denn das Fehlen einer klar umrissenen Ideologie bedeutet nicht, dass die russische Führung nicht klare Ziele verfolge und dafür keine Strategie habe. Putin und seine Mannschaft glauben an eine Mission, die sie seit Jahren mit großer Beharrlichkeit verfolgen. Sie wollen die russische Nation ideologisch erneuern auf der Grundlage des Nationalismus. Sie wollen Osteuropa und die Länder der ehemaligen Sowjetunion dominieren und dafür eine Eurasische Union schaffen. Sie wollen die europäischen Demokratien wirtschaftlich und politisch abhängig machen und die Europäische Union spalten. Sie wollen eine neue Weltordnung etablieren, in der Russland wieder den Platz einnimmt, der ihm gebührt. Sie sehen die Vereinigten Staaten und die EU als Kräfte, die Russland schwächen oder zerstören wollen. Zugleich sieht der Kreml den Westen als verweichlicht, dekadent und schwach an. Als eine Kraft, die nicht mehr bereit ist, alles zu riskieren und Verluste zu erleiden. Deswegen glaubt Putin, dass er jetzt handeln muss.

2. Krieg dem Westen: Russland und die farbigen Revolutionen

Putin in Panik

Es war der 10. Dezember 2011. Im Kreml war man schweißgebadet. In Moskau fand die größte Kundgebung seit den Neunzigerjahren statt. Hunderttausend Demonstranten forderten, die Ergebnisse der Parlamentswahl zu widerrufen, die wenige Tage zuvor stattgefunden hatte. Sie forderten die Entlassung des Wahlleiters, die Registrierung nicht zugelassener Oppositionsparteien und ein neues demokratisches Wahlgesetz. Die Demonstranten riefen »Für freie, ehrliche und gerechte Wahlen« und »Nieder mit Putin!«.

Die Proteste waren plötzlich gekommen, die politische Führung war auf sie nicht vorbereitet. Am 24. Dezember demonstrierten abermals 100 000 bis 150 000 Menschen auf dem Sacharow-Prospekt in Moskau. Die Führungsriege um Putin fürchtete, dass nun eintrete, was sie schon lange befürchtete: eine vom Westen gesteuerte farbige Revolution auch in Russland. Im Westen wird unter farbigen Revolutionen der Umsturz korrupter und autoritärer Regime durch Massenproteste der Zivilgesellschaft verstanden, deren Ausgangspunkt meist Wahlfälschungen sind. So war es 2004 in der Ukraine gewesen, die Protestbewegung hatte sich die Farbe Orange ausgesucht. Der Kreml sieht solche Revolutionen hingegen als vom Westen inszenierte Regimewechsel – dafür würden westliche Geheimdienste und politische Stiftungen Oppositionsgruppen in den jeweiligen Ländern anleiten und finanzieren.

Der Anlass für die vom Kreml befürchtete farbige Revolution waren Fälschungen bei der Duma-Wahl am 4. Dezember 2011. Laut Nachwahlumfragen und statistischen Berechnungen wurden der Kreml-Partei »Einiges Russland« mindestens acht Prozentpunkte der Stimmen mehr berechnet, als sie erhalten hatte, manche Beobachter glaubten sogar an 15 Prozent. So kam »Einiges Russland« wohl nur auf 34 bis 41 Prozent, erhielt aber offiziell 49 Prozent der Stimmen – das waren immer noch deutlich weniger als 64 Prozent aus dem Jahr 2007.

Zehntausende Wahlbeobachter, einige Tausend davon von der Nichtregierungsorganisation »Golos« (Stimme), registrierten eine hohe Zahl von Unregelmäßigkeiten und Verstößen gegen das Wahlgesetz. Unabhängige Wahlbeobachter waren in Moskau und anderen Städten aus den Wahllokalen gedrängt worden, im Internet wurden Berichte über Wahlfälschungen verbreitet. Offenbar wurde, um zusätzliche Stimmen zugunsten von Putins Partei »Einiges Russland« zu zählen, auch die Wahlbeteiligung nach oben gefälscht. Schon am Abend des 5. Dezembers, also einen Tag nach der Wahl, hatten sich 10 000 Menschen in Moskau am Denkmal des Dichters Gribojedow versammelt, um gegen die Fälschungen zu protestieren. Putin sah die Amerikaner als Initiatoren der Proteste. Die amerikanische Außenministerin Hillary Clinton hatte die Wahl am 6. Dezember beim Ministertreffen der OSZE-Staaten im litauischen Vilnius als »nicht frei und nicht fair« bezeichnet. Putin sagte zwei Tage später: »Sie hat einigen

Akteuren bei uns im Land den Ton vorgegeben, sie hat ein Signal gegeben. Dieses Signal haben sie gehört und sind daraufhin, mit Unterstützung des US-State Department, aktiv geworden.«[1]

Fälschungen hatte es auch schon bei früheren Wahlen in Russland gegeben, sie waren diesmal nicht größer. Doch nun herrschte eine veränderte Stimmung. Die abermalige Kandidatur von Wladimir Putin, der Ministerpräsident war, für die Präsidentenwahl und der Rückzug des Präsidenten Medwedjew waren ein offensichtlich abgekartetes Manöver. Am 24. September hatten beide auf dem Parteitag von »Einiges Russland« ihren Ämtertausch verkündet. Dass beide Politiker diesen Deal offen zur Schau stellten, war vielen Bürgern in den großen Städten zu viel der politischen Bevormundung. Jene, die auf den liberaleren Medwedjew ihre Hoffnungen gesetzt hatten, sahen sich enttäuscht – ihr Präsident, so sahen sie es nun, hatte nie unabhängig sein wollen, sondern war nur eine Marionette Putins gewesen. Das ganze Manöver hatten die beiden, so sagte Medwedjew auf dem Parteitag, schon abgesprochen, noch bevor er Präsident wurde. Manches spricht dafür, dass das in Wirklichkeit nicht so war, dass Medwedjew vergeblich versucht hatte, sich von Putin zu emanzipieren. Doch entscheidend war, wie er und Putin die Sache jetzt darstellten.

Ob dieses Gefühl, nur Zuschauer in einem zynischen Machtspiel zu sein, für die Demonstrationen verantwortlich war, lässt sich schwer einschätzen. Es spielte jedenfalls eine entscheidende Rolle für die veränderte öffentliche Stimmung in den demokratisch und oppositionell orientierten Schichten in Moskau und St. Petersburg.

Putin wurde im November am Rande einer Kampfsport-Veranstaltung erstmals öffentlich ausgepfiffen. Doch es war nicht nur die Enttäuschung über Putin und Medwedjew, die Leute dazu gebracht hatte, nicht für »Einiges Russland« zu stimmen. Für das schlechte Abschneiden der Kreml-Partei gab es auch andere Gründe. Putin selbst hatte die Direktwahl der Gouverneure abgeschafft, populäre regionale Führer, die in der Kreml-Partei waren und die bisher die Wähler an die Wahlurnen gebracht hatten, wurden durch weniger beliebte Kandidaten ersetzt. Auch war es dem Kreml nicht gelungen, Wähler durch eine nationalistische Kampagne zu mobilisieren – der inszenierte Streit um die Kurilen-Inseln mit Japan hatte nicht gezündet.

Hinzu kam die Kampagne des Oppositionspolitikers Alexej Nawalnyj. Er hatte die Bürger dazu aufgerufen, zur Wahl zu gehen und ihre Stimme abzugeben, aber auf keinen Fall die Kreml-Partei »Einiges Russland« zu wählen – denn die sei »die Partei der Gauner und Diebe«. Nawalnyj nannte als sein Ziel, dass Russland ein normaler demokratischer Staat werde, in dem die Regierung durch ehrliche Wahlen bestimmt werden müsste. Für seine Kampagne benutzte er hauptsächlich das Internet, das vom Staat noch nicht vollständig kontrolliert wird. Die Zahl der hauptsächlich jungen Nutzer in Russland stieg von rund drei Millionen im Jahr 2000 auf 52 Millionen im Jahr 2012, das sind rund 40 Prozent der gesamten Bevölkerung. Doch unabhängig davon, ob die Bürger das Internet nutzten – der Begriff von der Partei der Gauner und Diebe machte rasch die Runde, entsprach den Erfahrungen vieler. Zeitweilig stimmte fast die Hälfte der Befragten nach

Umfragen des Moskauer Lewada-Zentrums dieser Charakterisierung zu. Das Image der Kreml-Partei war angeschlagen.

Allerdings hätte selbst ohne Wahlfälschungen keine politische Umwälzung stattgefunden. Denn wirklich oppositionelle Parteien hatten bei der Wahl keine Chance, scheiterten an der Sieben-Prozent-Hürde oder waren gar nicht erst zugelassen worden. Gab es im sogenannten Protestwinter Ende 2011 und Anfang 2012 also eine revolutionäre Stimmung in Russland? Das lässt sich mit ziemlicher Sicherheit verneinen. Hunderttausend Demonstranten sind für eine Stadt mit mehr als zehn Millionen Einwohnern kein Volksaufstand, erst recht in einem Land mit mehr als 140 Millionen Einwohnern. In anderen Städten kam es – mit Ausnahme von St. Petersburg – nur zu kleinen Demonstrationen. Auch zeugt der Charakter der Demonstrationen in Moskau kaum davon, dass hier eine Menschenmenge mit ähnlichen politischen Zielen auf die Straße gegangen war. Zwar waren die Demonstranten in ihrer Mehrzahl Anhänger oppositioneller Parteien und Bewegungen. Neben jenen, die für eine liberale Demokratie demonstrierten, fanden sich aber auch Monarchisten und strenggläubige orthodoxe Christen, Kommunisten und Stalinisten oder auch Aktivisten, die für die Rechte Homosexueller eintraten. Und auch die Anführer der Bewegung, wie der Blogger und Anti-Korruptionskämpfer Alexej Nawalnyj und Sergej Udalzow von der »Linken Front«, waren kaum geeignet, Massen zu mobilisieren – zumal sie untereinander zerstritten waren. Viele junge Menschen genossen einfach den Happening-Charakter der Demos.

In jedem demokratischen Staat hätte die politische Führung gelassen auf solche Demonstrationen reagiert, abgewartet, einen Dialogprozess begonnen. Nicht so der Kreml. Er reagierte weder rational noch pragmatisch, sondern panisch. Putin verstand die Proteste als einen persönlichen Affront, als Versuch, ihn zu stürzen. Zudem sah er seinen Ruf als Garant der Stabilität erschüttert, auf den die politische Elite des Landes bisher gesetzt hatte. Hatten nicht auch die anderen farbigen Revolutionen in Georgien und der Ukraine mit Protesten gegen Wahlfälschungen begonnen? Entwickelte sich hier nicht das gleiche Szenario?

Die Analyse, die das Zentrum für strategische Analysen unter Leitung des Ökonomen Michail Dmitrijew anstellte, bestärkte den Kreml in seiner Furcht. Das Zentrum sah die Demonstrationen darin begründet, dass eine wachsende Mittelschicht in den russischen Großstädten auf politische Mitsprache drang. Schon jetzt sei in Russland ein Drittel der erwachsenen Bevölkerung dieser Mittelschicht zuzurechnen, sie werde in wenigen Jahren fast die Hälfte ausmachen und bis zum Jahr 2020 die Mehrheit der Bevölkerung stellen.

Das Institut wagte weitreichende Prognosen: Die politische Krise werde sich in den beiden folgenden Jahren vertiefen, die Opposition werde wachsen. Wenn es keine freien Wahlen gebe oder wenn eine Wirtschaftskrise eintrete, könne es zu einer offenen Konfrontation mit dem herrschenden System kommen. Das werde ohnehin immer instabiler, seine Monopolstellung werde es auf kurz oder lang nicht halten können. Bis zum Ende des Jahrzehnts, also bis 2020, würden die gesellschaftlichen Voraussetzungen dafür eingetreten sein, dass Russland vom gegenwärtigen zu einem demokratischen System wechsle. Es werde, möglicherweise schon 2018, freie Präsidentschaftswahlen geben. Russland werde dann die Chance haben, zu einer echten Demokratie zu werden.[2]

Diese Analyse war eher eine Fantasie ihrer Verfasser, als dass sie etwas mit der Wirklichkeit zu tun hatte. Aber für den Kreml war sie ein Albtraum, bestätigte die schlimmsten Befürchtungen der herrschenden Gruppe: dass ihre Tage an der Macht gezählt seien, wenn sie nicht entschieden gegen die drohende Entwicklung vorgehe. Der Kreml beschloss, die Bewegung im Keim zu ersticken und dafür zu sorgen, dass eine farbige Revolution niemals stattfinden könne. Zunächst reagierte die Führung jedoch zurückhaltend.

Präsident Medwedjew kündigte sogar an, zur Direktwahl der Gouverneure zurückzukehren, die acht Jahre zuvor von Putin abgeschafft worden war. Zwar organsierte der Kreml Gegenmeetings, von der Opposition ironisch »Putings« genannt, ging aber noch nicht gegen die oppositionell eingestellten Protestierenden vor. Denn die Präsidentenwahl am 4. März stand noch bevor, eine Zuspitzung wollte der Kreml bis dahin vermeiden, auch wenn man die Proteste weiterhin als vom Westen gesteuert darstellte. Offensichtlich war die Führung unsicher, wie die Wahl ausgehen würde; eine Stichwahl sei nichts Schlimmes, sagte Putin vorsorgend Anfang März. Putin wollte für sich ein Ergebnis von 62 Prozent der Stimmen. Als offizielles Ergebnis standen am Ende 63,6 Prozent für Putin. Es gab Spekulationen, dass er in Wirklichkeit nur 52 Prozent erhalten habe, doch die Wahlbeobachter stellten deutlich weniger Fälschungen fest als bei der Duma-

Wahl, Studien bezifferten sie auf drei bis vier Prozentpunkte.[3]

Nach der Wahl fuhr der Präsident einen anderen Kurs. Schon bei der Demonstration auf dem Bolotnaja-Platz am 6. Mai, einen Tag vor der Amtseinführung Putins, setzte die Führung auf Repression. Sie ging mit harter Polizeigewalt gegen die Demonstranten vor, trieb sie auseinander und nahm 650 Personen fest. Einige Teilnehmer griffen die Sondereinheiten der Polizei an. Gegen zahlreiche Demonstranten wurden in den kommenden Monaten Verfahren wegen Teilnahme an Massenunruhen und Gewalt gegen Staatsvertreter eröffnet. Rund 30 von ihnen wurden nach und nach zu zwei, drei oder vier Jahren Gefängnis oder Lagerhaft verurteilt.

Kampf den farbigen Revolutionen

Wieso aber reagierte der Kreml so panisch auf die Proteste im Winter 2011/12? Er konnte sie nur als Teil eines Krieges sehen, den der Westen schon seit einem Jahrzehnt gegen Russland führe. Putin hatte schon die Rosenrevolution 2003 in Georgien als ein Werk der Amerikaner betrachtet – allerdings erst im Nachhinein. Sie vertrieb den früheren sowjetischen Außenminister Eduard Schewardnadse von der Macht, der mit Moskau über Kreuz lag, weil der Kreml ihm vorwarf, die Tschetschenen im Kampf gegen die russische Herrschaft zu unterstützen.

Anlass der revolutionären Ereignisse war damals die Wahl zum georgischen Parlament im November 2003, die von inländischen wie ausländischen Beobachtern als gefälscht gewertet wurde. Zwei große Oppositionsbündnisse verlangten eine Wiederholung der Wahl. Insbesondere die Studentenbewegung »Kmara«, die von der Stiftung des amerikanischen Milliardärs George Soros unterstützt wurde, wurde als »amerikanisches« Element der Proteste betrachtet. Am 22. November stürmte die Opposition unter Führung des damaligen Oppositionspolitikers Micheil Saakaschwili das Parlament, in dem Schewardnadse eine Rede hielt. Moskau entsandte seinen damaligen Außenminister Igor Iwanow, der aus Georgien stammt, um die Lage zu erkunden, nicht aber um den Machtwechsel zu verhindern. Schewardnadse trat daraufhin zurück, und Saakaschwili wurde zum Präsidenten gewählt. Nach einem Moskau-Besuch schien sich eine enge Beziehung zu Putin anzubahnen, doch die zerbrach spätestens, als Saakaschwili ein Jahr später die Revolution in Orange in der Ukraine unterstützte und, anders als von Putin empfohlen, auf die Amerikaner setzte.

Vor der Präsidentenwahl in der Ukraine im Jahr 2004 hatte Moskau alle möglichen Hebel in Bewegung gesetzt, damit der Kandidat des Kremls, Viktor Janukowitsch, den Sieg davontragen würde. Janukowitsch war zunächst Gouverneur von Donezk im prorussisch gesinnten Osten der Ukraine; dort im Industriegebiet Donbass, dem Donezker Becken, hatte er seine Machtbasis. Als der scheidende ukrainische Präsident Leonid Kutschma einen Nachfolger suchte, fiel seine Wahl auf Janukowitsch. Ein ganzes Heer von Polittechnologen, darunter Putins Strippenzieher im Kreml, Wladislaw Surkow, war in der Ukraine unterwegs, dazu eine Abordnung der russischen Geheimdienste, damit die Wahl so ausginge, wie der Kreml es wünschte. Putin selbst traf sich regelmäßig mit Janukowitsch in Moskau, in Sotschi oder auf der Krim. Der russische Präsident scheute auch nicht davor zurück, direkt in den Wahlkampf einzugreifen. Er senkte die Energiepreise für die Ukraine, gab Interviews im ukrainischen Fernsehen und nahm an einer Siegesparade in Kiew zum 60. Jahrestag der Befreiung der Stadt von den Nazis durch die Rote Armee teil. Die Feier wurde speziell um eine Woche vorverlegt, damit sie noch vor dem Wahltermin stattfinden konnte.

Putin war damals in der Ukraine durchaus populär und seine Parteinahme für Janukowitsch war ein ernsthaftes Problem für die gegnerische Seite, von dem liberal orientierten Viktor Juschtschenko angeführt, der von den Vereinigten Staaten unterstützt wurde. Juschtschenko und seinen Wahlkämpfern warfen die von russischen Politstrategen angeleiteten Janukowitsch-Leute vor, antirussisch und profaschistisch zu sein. »Was sich zehn Jahre später als Tragödie wiederholen sollte, begann hier als Farce«, schreibt der russische Journalist Michail Sygar dazu.[4]

Putin hatte von jeher der Ukraine einen hohen Stellenwert beigemessen, um sie müsse man sich kümmern, da sie sonst für Russland verloren gehe, war seine Haltung. Die erste Runde der Wahl am 31. Oktober 2004 endete mit einem faktischen Patt zwischen Janukowitsch und Juschtschenko, beide erhielten etwa 39 Prozent der Stimmen. Doch der Kreml blieb optimistisch, dass die Stichwahl am 21. November zugunsten seines Kandidaten ausgehen werde. Tatsächlich erhielt Janukowitsch nach dem von der Zentralen Wahlkommission in Kiew verkündeten Ergebnis 49,5 Prozent der Stimmen, 46,6 Prozent stimmten für Juschtschenko. Putin gratulierte seinem Kandidaten. Das Ziel war erreicht.

Doch eine große Zahl von Berichten der Wahlbeobachter legte nahe, dass es massive Wahlfälschungen zugunsten von Janukowitsch gegeben hatte. Auch die Beobachter der OSZE gingen von einem Wahlbetrug aus. Danach kam es in Kiew und in weiten Teilen der Ukraine zu Massendemonstrationen, vor allem auf dem Unabhängigkeitsplatz in Kiew, dem Majdan, wo schon am Montag nach der Wahl hunderttausend Menschen gegen den Wahlbetrug protestierten. Die Demonstranten errichteten ein Zeltlager auf dem Majdan, harrten trotz des Winters aus. Die Anhänger Juschtschenkos trugen die Farbe Orange als ihr Symbol, deswegen war bald von der orangen Revolution die Rede. Putin war in Rage, er verstand nicht, warum der noch im Amt befindliche Präsident Kutschma den Protesten auf dem Majdan nicht kurzerhand mit Polizeigewalt ein Ende setzte. Die russischen Medien berichteten schon damals, in Kiew sei ein Umsturz geschehen, der sich gegen Russland richte und vom Ausland finanziert sei. Im Osten der Ukraine kam es zu Kongressen von Gegnern der Ukraine, die über einen eigenen Staat philosophierten, in Luhansk wurde sogar die Gründung einer Südostrepublik beschlossen. Doch es blieb bei folgenlosen Deklarationen.[5]

Nach einem langwierigen Verhandlungsprozess kam es am 26. Dezember 2004 zu einer Wiederholung der Stichwahl, die Viktor Juschtschenko mit 52 Prozent gewann. In Putins Augen war das eine geopolitische Niederlage Moskaus gegen den Westen. Die Polittechnologen des Kremls, allen voran Wladislaw Surkow, hatten in der

Ukraine gerade die Revolution verhindern sollen, die nun eingetreten war. An der Vernetzung der Oppositionsgruppen war die ukrainische Jugendorganisation »Pora!« beteiligt. Sie wurde von amerikanischen Stiftungen, etwa jener von George Soros, unterstützt. Das bestärkte die russische Führung in der Überzeugung, die orange Revolution sei eine vom Westen gesteuerte Aktion, die gegen Moskau gerichtet sei. Dass der ukrainische Präsident Juschtschenko sich an den Vereinigten Staaten und der EU orientierte, verstärkte diesen Glauben.

In den Verschwörungstheorien, die sich nun breitmachten, war die Ukraine nur ein Testgelände, um einen ähnlichen Regimewandel in Russland herbeizuführen. Die Tulpenrevolution in Kirgistan, bei der im März 2005 der dortige Präsident Askar Akajew nach Protesten gegen mutmaßliche Fälschungen bei der Parlamentswahl zurücktreten musste und nach Russland floh, galt als weiterer Beleg, dass Russland das nächste Ziel einer Farbenrevolution sein könne – auch wenn die Amerikaner bei dem Umsturz in Kirgistan keine Rolle gespielt hatten. Doch der Kreml sah bei solchen Umstürzen und Revolutionen nie das Volk, das mit der Regierung unzufrieden war, oder widerstreitende Interessengruppen als Akteure, sondern immer Kräfte von außen: das State Department, die CIA oder andere westliche Geheimdienste.

Ende 2005 wurde dann ein Gesetz beschlossen, um die Arbeit der Nichtregierungsorganisationen (NGOs) in Russland, die mit ausländischen Geldern finanziert werden, genauer zu kontrollieren und ihr Wirken einzuschränken. Einige wie Amnesty International und Human Rights Watch mussten ihre Arbeit zeitweilig einstellen.

Die NGOs bezeichnete Putin zwei Jahre später als »Schakale, die um ausländische Botschaften herumstreichen«. Ausländische Stiftungen hatten mit Schwierigkeiten zu kämpfen. Putins Mann fürs Kreative im Kreml, Wladislaw Surkow, hob 2005 die Jugendorganisation »Naschi« (»Die Unsrigen«) aus der Taufe, eine patriotische Kreml-Jugend, die dafür sorgen sollte, dass rebellische Jugendgruppen wie in der Ukraine, in Georgien oder zuvor in Serbien in Russland keine Chance haben sollten, Revolutionen anzuzetteln. Die Organisation machte mit einer Massendemonstration in Moskau und mit patriotischen Zeltlagern von sich reden, ihre Vertreter wurden von Putin empfangen.

Auch den arabischen Frühling, der seit Ende 2010 in den Ländern Nordafrikas anbrach, sieht der Kreml als Teil der farbigen Revolutionen. In seiner Sicht wurden legitime Herrscher wie Zine el-Abidine Ben Ali in Tunesien und Husni Mubarak durch von außen gesteuerte Proteste beseitigt. Dass die Nato in Libyen eingriff, was zur Flucht und Tötung des Diktators Muammar al-Gaddafi führte, empörte Moskau besonders. Denn Russland hatte sich bei der UN-Resolution, die bewaffnete Operationen zur Einrichtung einer Flugverbotszone und zum Schutz der Zivilbevölkerung in Libyen vorsah, der Stimme enthalten. Präsident Medwedjew hatte das so entschieden; Putin, damals Ministerpräsident, kritisierte ihn öffentlich, indem er sich verwundert zeigte, wie leicht Beschlüsse zur Gewalt in den internationalen Beziehungen gefasst würden. Den Tod Gaddafis werteten Putin und seine Leute aus dem Geheimdienst als Beweis, dass der Westen eine ganz andere Operation durchführen wollte, als die Zivilbevölkerung in Libyen zu schützen. Medwedjew wurde später in mehreren Filmen von Militärs und konservativen Politikern dafür kritisiert, dem Westen nicht entgegengetreten zu sein und kein Veto im UN-Sicherheitsrat eingelegt zu haben. Auch der Bürgerkrieg in Syrien wird von der russischen Führung als Teil der farbigen Revolutionen gesehen, die den Sturz des legitimen Herrschers Assad zum Ziel hat.

Nach der Erfahrung mit der Protestbewegung 2011/2012 im eigenen Land schlug Putin einen noch repressiveren Kurs ein. Anfang Juni 2012 wurde das Versammlungsgesetz verschärft, die Teilnahme an nicht genehmigten Demonstrationen wird nun mit hohen Geldstrafen oder Freiheitsstrafen bis zu zehn Jahren geahndet. Nach einem im Juli 2012 erlassenen Gesetz müssen sich alle NGOs, die Geld von Sponsoren aus dem Ausland beziehen, als »ausländische Agenten« registrieren lassen und alle ihre Publikationen mit diesem Label versehen. Wer das nicht tut, riskiert hohe Geldstrafen oder gar ein Verbot, die Leiter der NGOs müssen mit bis zu vier Jahren Haft rechnen. Schon das Wort »ausländische Agenten« erinnert an die Stalin-Zeit und wird als Synonym für »Spion« verwendet.

Viele NGOs leisteten Widerstand, einige klagten gegen das Gesetz beim Europäischen Gerichtshof für Menschenrechte. Der Staat reagierte mit einer Überprüfung von hunderten NGOs, nicht nur durch Staatsanwaltschaften, sondern auch durch den Geheimdienst FSB oder andere Behörden, die etwa für Hygieneüberwachung oder die Bekämpfung des Drogenhandels zuständig sind. Im Zuge des Kriegs in der Ukraine – des Vorgehens gegen die »Faschisten« – wurde eine zweite Kampagne eingeläutet. Man werde niemals zulassen, dass es in Russland, wie angeblich in der Ukraine geschehen, »über die Kanäle von

Nichtregierungsorganisationen nationalistische, neonazistische Strukturen aus dem Ausland finanziert werden«, sagte Putin am 7. April 2014 vor dem Kollegium des FSB. Seit dem Herbst 2014 können NGOs selbst vom Staat in das Register »ausländischer Agenten« eingetragen werden. Bis November 2015 hatte der Bann 90 NGOs getroffen. Manche Organisationen verzichteten auf ausländische Gelder, manche lösten sich auf, doch die meisten setzen bis heute ihre Arbeit unter den erschwerten Bedingungen von Kontrollen und laufenden Gerichtsverfahren fort.

Die Bedingungen für die russischen NGOs werden auch schwerer, weil der russische Staat nun gegen deren ausländische Förderer vorgeht. Im März 2013 wurden im Zuge einer landesweiten Kampagne die Filialen der deutschen Konrad-Adenauer-Stiftung und der Friedrich-Ebert-Stiftung in Moskau durchsucht – doch die Stiftungen konnten weiterarbeiten. Seit 2015 müssen ausländische Stiftungen, die in Russland tätig sind, damit rechnen, zu »unerwünschten Organisationen« erklärt zu werden. Das hat zur Folge, dass sie ihre Tätigkeit unverzüglich einstellen müssen. Bisher umfasst die vom Föderationsrat, dem russischen Oberhaus, erstellte Liste ein Dutzend Organisationen, vor allem amerikanische sowie einige polnische und solche mit Verbindungen in die Ukraine. Im Juli 2015 wurde der amerikanischen National Endowment for Democracy die Tätigkeit in Russland verboten, Ende 2015 zwei weiteren amerikanischen Stiftungen, die von Soros finanziert werden. Welche Folgen das hat, zeigte sich Anfang 2016. In der russischen Nordprovinz Komi wurden die Hochschulbibliotheken »gesäubert«. Hunderte Bücher wurden in den Reißwolf gesteckt oder verbrannt.

Der Grund dafür war, dass die Soros-Stiftungen ihre Anschaffung finanziert hatte. Zwar waren die meisten Verfasser russische Wissenschaftler, und die Bücher handelten unter anderem von Sportpädagogik, Kriminalistik oder dem russischen Finanzwesen. Doch laut der schriftlichen Begründung der Behörden formierte diese Literatur »eine entstellte Wahrnehmung der vaterländischen Geschichte und preist Einstellungen, die der russischen Weltanschauung fremd sind«. Russland brauche heute nichts Westliches mehr, sagte eine örtliche Bildungspolitikerin dazu.

Doch der Druck richtet sich nicht nur gegen die NGOs im Lande. Der ganze innenpolitische Kurs wurde verschärft. Der Inlandsgeheimdienst FSB und das Innenministerium wurden weiter gestärkt, sie erhielten mehr Rechte, während die Gerichte eine immer geringere Rolle spielen. Wissenschaftliche Forschungseinrichtungen wurden unter Druck gesetzt, Leiter, die sich kritisch zur Regierung geäußert hatten, wurden aus ihren Positionen gedrängt. Manche, wie der langjährige Rektor der Russischen Wirtschaftsschule, Sergej Gerijew, gingen ins Exil, nachdem sie juristisch verfolgt worden waren. Heute müssen Wissenschaftler an der Moskauer Staatlichen Universität sämtliche Publikationen vor der Veröffentlichung durch den Geheimdienst, der dort seine Vertretung hat, absegnen lassen. Zudem wurden gegen den Oppositionspolitiker Alexej Nawalnyj, der sich vor allem mit der Korruption in der russischen Politik beschäftigt, 2015 gleich drei Strafverfahren eröffnet. Für solche Fälle hat Putin einen Spezialisten, den er aus Studienzeiten an der Juristischen Fakultät der Petersburger Universität kennt: Alexander Bastrykin, der Chef des Ermittlungskomitees der Russischen

Föderation. Als Chefermittler war er zunächst der russischen Generalstaatsanwaltschaft unterstellt. Heute untersteht er, auf dessen ausdrücklichen Wunsch, allein dem Präsidenten.

Die russische Führung zog nicht nur im Innern aus den Protesten Ende 2011 und Anfang 2012 Konsequenzen, sondern auch für ihre Außen- und Militärpolitik: Sie beschloss, farbige Revolutionen mit dem Ziel eines Regimewechsels in für Russland strategisch wichtigen Ländern mit militärischen und anderen Mitteln zu verhindern und zum Gegenangriff überzugehen. Dafür sollten auch politische Umstürze im russischen Interesse inszeniert werden. Mit der Ausarbeitung eines Konzepts wurde der russische Generalstab beauftragt. Dessen Chef, General Walerij Gerassimow, trug die Idee der hybriden Kriegführung auf einer Konferenz Anfang 2013 vor. Nichtmilitärisches Vorgehen, so der Generalstabschef, habe sich oft als effizienter erwiesen als Waffengewalt. Dabei greife man auf Sondereinsatzkräfte und die Opposition im Land zurück. So könne man eine dauernde aktive Front auf dem Gebiet des feindlichen Staates errichten. Entscheidend sei auch die »informationelle Kriegsführung, deren Formen und Methoden laufend perfektioniert werden«.[6] Es geht bei diesem Konzept darum, militärisches Vorgehen auf zivile Bereiche zu übertragen. Diplomatische, ökonomische, technologische und informationelle Aktivitäten sollen genutzt werden, um dem Gegner den eigenen Willen aufzuzwingen. Im Westen blieb dieser Vortrag, obwohl veröffentlicht, weitgehend unbemerkt. Erst mit der Operation auf der Krim und dem Krieg im Osten der Ukraine wurde klar, dass Russland dabei einem Konzept folgte.

3. Spiel ohne Regeln: Putin, die Krim und der Krieg in der Ukraine

Putin unter Druck

Die Olympischen Spiele in Sotschi vom 7. bis 23. Februar 2014 waren ein Prestigeobjekt der russischen Führung, das internationale Anerkennung und nationalen Zuspruch bringen sollte. Putin hatte keine Mühen gescheut, die Winterolympiade in den Subtropen zu einem Erfolg zu machen – nicht zuletzt zu seinem persönlichen Triumph. Unter enormem Einsatz von Menschen, Geld und Material wurde an der Schwarzmeerküste die sportliche und touristische Infrastruktur aus dem Boden gestampft. Die Oligarchen des Landes wurden verpflichtet, Hunderte Millionen, ja Milliarden Euro für das Mammutunternehmen auszugeben. Doch die internationale Berichterstattung im Vorfeld der Spiele wurde für den Kreml zu einem Desaster: Sotschi wurde zu einem Symbol für Korruption, für die rücksichtslose Ausbeutung von Arbeitskräften und für die Zerstörung der Natur. Die Spiele brachten für das Image Russlands in der Welt nicht die gewünschte Politur, sondern einen Ansehensverlust. Sie führten auch nicht in Russland selbst zu einem Popularitätsgewinn für Putin.

Während Putin den Gastgeber in Sotschi gab, entwickelte sich die Protestbewegung auf dem Majdan in Kiew gegen den ukrainischen Präsidenten Viktor Janukowitsch, der 2010, fünf Jahre nach der orangen Revolution, in das höchste Staatsamt gewählt worden war. Der Anlass für die Proteste war, dass Janukowitsch das Assoziierungsabkommen mit der Europäischen Union kurzerhand abgesagt hatte. Die Demonstranten protestierten friedlich, doch schon Ende November ging das Regime mit Gewalt gegen sie vor. Das führte dazu, dass immer mehr Ukrainer sich mit der Bewegung solidarisierten.

Ein Teil der Demonstranten baute Barrikaden, und manche bewaffneten sich, angeleitet von Afghanistanveteranen. Die Auseinandersetzungen nahmen quasimilitärische Züge an, die Lage auf dem Majdan eskalierte. Polizisten der Sondereinheit »Berkut« und Majdan-Aktivisten schossen aufeinander. Demonstranten unter Führung rechtsradikaler Kräfte vom »Rechten Sektor« stürmten Polizeistationen und nahmen Polizisten gefangen. Am 20. Februar 2014 wurden mehr als hundert Demonstranten von Scharfschützen erschossen.

In dieser Situation reisten die Außenminister von Deutschland, Frankreich und Polen, Frank-Walter Steinmeier, Laurent Fabius und Radoslaw Sikorski nach Kiew. Sie handelten dort mit Janukowitsch und der Opposition am 21. Februar ein Abkommen aus, das eine Kapitulation des Präsidenten auf Raten, einen achtmonatigen politischen Übergangsprozess mit einer Verfassungsreform und freie Präsidentenwahlen Ende 2014 vorsah. Auch Russland war an den Verhandlungen durch seinen Menschenrechtsbeauftragten Wladimir Lukin beteiligt, der von Putin als Emissär nach Kiew zu den Verhandlungen entsandt worden war. Zugleich versuchte Putins Kreml-Mitarbeiter Wladislaw Surkow, unmittelbar auf Janukowitsch einzuwirken und ihn dazu zu bewegen, die Lage unter Kontrolle zu bringen und einen Zusammenbruch seines Regimes zu verhindern. Lukin unterzeichnete noch die Vorfassung der Übereinkunft, zur endgültigen Unterzeichnung aber erschien er nicht mehr. Offensichtlich wusste Moskau schon genau, dass im Hintergrund eine ganz andere Aktion ablief, dass der Machthaber in Kiew schon geschlagen war.

Als die Außenminister der drei EU-Staaten im Flugzeug aus Kiew abgeflogen waren, waren sie der Überzeugung, dass sie Menschenleben gerettet und einen Bürgerkrieg verhindert hatten. Doch noch während sie heimflogen, überschlugen sich in Kiew die Ereignisse. Janukowitsch floh aus der Hauptstadt, nachdem ihm die ukrainischen Oligarchen, die über ihre Privatarmeen verfügten, klargemacht hatten, dass sie ihn nicht unterstützen würden. Sie stellten ihm ein Ultimatum, das Land – angeblich innerhalb von drei Stunden – zu verlassen.

Viele ukrainische Oligarchen hatten die Proteste auf dem Majdan unterstützt, weil Janukowitsch immer gieriger geworden war und er das bis dahin gültige Modell, nach dem allen ein entsprechender Anteil zustand, zerstört hatte. Nun hatten sie sich ganz auf die Seite der Opposition gestellt, auch die von ihnen kontrollierten Sicherheitskräfte waren übergelaufen. Der ukrainische Präsident sah sein Leben bedroht, er wollte nicht enden wie Gaddafi 2011 in Libyen. Offenbar hatte er während der Verhandlungen mit den europäischen Außenministern ein doppeltes Spiel getrieben, seine Abreise bereits vorbereitet und einen großen Teil seines Reichtums schon auf Lastwagen verladen lassen.

Im Kreml sah man die Ereignisse mit Bestürzung. Gerade noch hatte man mit den europäischen Staaten eine

Übergangsregelung verabredet, doch nur Stunden später war sie nichts mehr wert. In den Augen Putins vertrat in Kiew niemand mehr die Interessen Russlands. Moskau hatte die Ukraine schon wieder verloren.

Schon wieder, denn der Kreml hatte zuvor sehr spät auf das Assoziierungsabkommen der EU mit der Ukraine reagiert. Moskau ließ es laufen, ohne sich darum zu kümmern. Der Kreml setzte immer auf bilaterale Beziehungen mit den europäischen Staaten, für die komplizierte EU hatte er wenig Verständnis. Erst ein halbes Jahr vor dem vorgesehenen Abschluss verstand die russische Führung, dass das Abkommen die Interessen Russlands betreffen könnte. Putin glaubte, dass die Ukraine sich nun endgültig aus dem Einflussbereich Moskaus herauslösen würde. Das wollte er unbedingt verhindern.

Durch Versprechen und Warnungen konnte er Janukowitsch einen Monat vor der Unterzeichnung davon abbringen, das Assoziierungsabkommen mit der EU zu unterschreiben. Putin suchte den ukrainischen Präsidenten davon zu überzeugen, dass die Europäer dessen Sturz wollten. Brüssel bestehe auf der Freilassung der inhaftierten Oppositionspolitikerin Julija Timoschenko, damit diese dann Präsidentin der Ukraine werden könne, sagte er ihm. Angeblich ging es in Putins Gesprächen mit dem ukrainischen Präsidenten auch um die finanziellen Interessen Janukowitschs und seiner Familie. Janukowitsch blies am 21. November 2013, wenige Tage vor der geplanten Unterzeichnung des Abkommens, die ganze Sache ab. Die Ukraine sei noch nicht reif für ein solches Abkommen.

Putin bedankte sich wenig später dafür. Er kündigte an, der Preis für Gaslieferungen an die Ukraine werde ab 2014 von 430 auf weniger als 270 Dollar je 1000 Kubikmeter gesenkt, Russland werde zudem 15 Milliarden Dollar in ukrainische Staatsanleihen investieren. Russland hatte also scheinbar erreicht, was es wollte. Putin glaubte, er habe die Ukraine gegen die EU für Moskau gewonnen. Doch hatte der Kreml nicht mit der Bewegung des »Euromajdan« gerechnet. Dass abermals Massen unzufriedener Bürger auf den Straßen der Hauptstadt gegen das Regime protestierten, konnte den Kreml nicht in Ruhe lassen. Putin hoffte, dass Janukowitsch durchgreifen würde. Doch der enttäuschte ihn.

Janukowitsch floh zunächst nach Charkiw im Osten der Ukraine, wurde dann von Putins Geheimdienst auf die Krim gelotst und von dort aus per Hubschrauber in Sicherheit gebracht. Mit Janukowitschs Niederlage hatte der Westen Russland ausgetrickst. So sah man es im Kreml. Den Umsturz in Kiew betrachtete Moskau als Verschwörung der Amerikaner und der EU, die direkt auf Moskau zielte, darauf, Putin loszuwerden. Der russische Präsident stand nun gegenüber seinem eigenen inneren Zirkel unter Druck. Der warf ihm vor, sich zu sehr auf die Olympischen Spiele in Sotschi konzentriert und dabei die Entwicklung in der Ukraine, die Aktivitäten der EU und der Amerikaner aus den Augen verloren zu haben. Aus der Sicht der führenden Gruppe hatte sich der russische Präsident von Deutschen, Franzosen und Polen über den Tisch ziehen lassen.

Hatte man gerade noch geglaubt, Moskau habe acht Monate Zeit, eine Russland wohlgesinnte Regierung in Kiew an die Macht zu bringen, so hatte sich diese Perspektive innerhalb von Stunden aufgelöst. Stattdessen wurde ein prowestlicher Übergangspräsident in Kiew installiert, ohne dass Moskau beteiligt worden war. Die farbige Revolution, die man verhindern wollte, hatte stattgefunden. Russland würde mit seinem autoritären politischen Modell in Zukunft alleine stehen, ja dessen Legitimität würde durch das ukrainische Beispiel ständig infrage gestellt werden. Wollte Putin nicht in den Augen der führenden Gruppe an Autorität verlieren, als ein Zauderer, als Mister Impotent zwei dastehen, so musste er entschieden handeln. Das war eines der Hauptmotive, jetzt nach der Krim zu greifen.

Zwar gab es im Kreml und im russischen Generalstab Pläne für eine solche Operation, die Jahre zuvor ausgearbeitet worden waren – offensichtlich aus der Furcht, die Ukraine könnte unter dem damaligen westlich gesinnten Präsidenten Viktor Juschtschenko der Nato beitreten. Die Krim heimzuholen war also schon lange eine mögliche Option für Moskau.

Von Putin wird berichtet, dass er als Gast auf dem Nato-Gipfel in Bukarest 2008, als es um die Aufnahme der Ukraine gegangen war, im internen Gespräch George W. Bush wütend erklärt habe, die Ukraine sei »überhaupt kein Staat«. Ein Teil ihres Gebiets habe Russland ihr einfach geschenkt. »Wenn die Ukraine in die Nato geht, dann ohne die Krim und den Osten, sie wird einfach zerfallen«, soll Putin zu Bush gesagt haben.[1] Indes gibt es in allen Armeen der Welt Pläne für alle möglichen Fälle. Die tatsächliche Entscheidung, die Krim zu annektieren, fiel aus der Situation heraus.

Denn nicht zuletzt hatte der Mann, auf den Putin gesetzt hatte, versagt. Statt zu kämpfen, die Oligarchen in den Griff zu kriegen und dem Spuk auf dem Majdan ein gewaltsames Ende zu bereiten, war Janukowitsch geflohen. Die Russen sperrten ihn in eine Villa in Rostow am Don ein. Putin wollte ihn nicht einmal treffen. Mit diesem Feigling wollte er nichts mehr zu tun haben. Dennoch glaubte die Führung in Moskau zunächst noch daran, dass sie über die Janukowitsch-Partei in Kiew, die Partei der Regionen, weiter Einfluss auf den Lauf der Dinge in Kiew ausüben könne. Doch die Partei löste sich auf. Das ukrainische Parlament tastete den Status der russischen Sprache in der Ukraine an, die rechtsradikalen Kräfte stellten die Nutzung des Militärhafens Sewastopol durch die russische Schwarzmeerflotte infrage. Da hatte sich Moskau schon zum Handeln entschlossen.

Am 21. Februar hatten sich die Mitglieder des Sicherheitsrates der Russischen Föderation auf einer Sitzung in Putins Datscha Nowo-Ogarejewo zum ersten Mal getroffen. In der Nacht vom 22. auf den 23. Februar, so hat es Putin in einer Fernsehdokumentation zum Jahrestag der Annexion der Krim gesagt, habe man die Entscheidung getroffen, die Krim zu annektieren. Putin beriet sich mit seinem Stabschef Sergej Iwanow, dem Sekretär des Sicherheitsrats Nikolaj Patruschew, dem FSB-Chef Alexander Bortnikow und Verteidigungsminister Sergej Schojgu. Man habe bis sieben Uhr morgens getagt, dann habe man beschlossen, die »Arbeit zur Heimholung der Krim zu beginnen«. Noch im Dezember 2013 hatte Putin gesagt, ein möglicher Einmarsch zum Schutz der Russen in der Ukraine sei »völliger Blödsinn und Unsinn«.[2] Doch nun begann der Kreml auf der internationalen Bühne sein Spiel ohne Regeln.

Grüne Männchen auf der Krim

Unter der Tarnung groß angelegter Manöver wurden Soldaten auf die Krim verlegt, offenbar schon am 23. Februar, als 20 000 Menschen in Sewastopol gegen den Machtwechsel in Kiew demonstrierten. Die russischen Soldaten, die von ihren Standorten in den Süden Russlands, etwa nach Noworossijsk, verlegt worden waren, wussten nicht einmal, wohin ihr Einsatz sie führen würde, als sie nachts in die Hubschrauber kletterten. Selbst den Piloten sagte man erst in der Luft, wohin sie zu fliegen hätten. Auch die russischen Einheiten in Sewastopol auf der Krim waren überrascht über die Verstärkung aus der Heimat. Erst vor Ort erklärte man den eingeflogenen Soldaten, was ihre Aufgabe sei.

Sie wurden in zivile Montur gekleidet und wurden so zu den »höflichen Menschen«, die in den nächsten Wochen die Krim bevölkerten. Oder sie legten Uniformen an, die keine Hoheitsabzeichen trugen, wurden zu den »grünen Männchen«, die alsbald die Ereignisse bestimmten. Am 27. Februar wurden Flughäfen, Straßen, Fernsehstationen und Gebäude der ukrainischen Armee sowie die Gebäude von Parlament und Regierung der Krim in Simferopol von »unbekannten Bewaffneten« besetzt. Die »grünen Männchen« wurden von den russischen Medien als »lokale Selbstverteidigungskräfte« bezeichnet. Die etwa 60 ukrainischen Schiffe auf der Krim, vom Schnellboot bis zur Fregatte, wurden blockiert, die Hafenausfahrten abgeriegelt.

Das lokale Parlament, das von Bewaffneten besetzt war, wählte den Geschäftsmann Sergej Aksjonow zum Ministerpräsidenten; er hatte schon bewaffnete prorussische

Männer um sich geschart. Die Abgeordneten wurden von russischen Kräften ins Parlament beordert, wer nicht freiwillig mitkam, wurde unter Androhung von Gewalt zur Abstimmung gebracht. Auf der Krim trafen in den nächsten Tagen immer mehr russische Geheimdienstmitarbeiter und Soldaten ein, unter ihnen Veteranen des Afghanistan- und des Tschetschenienkrieges. Insgesamt erhöhte Moskau seine Soldaten auf der Krim von 10 000, die für die Schwarzmeerflotte dort stationiert waren, bis Ende März auf 32 000 Mann. Die ukrainischen Truppen eröffneten das Feuer nicht gegen die Eindringlinge. Manche verließen ihre Kasernen fluchtartig und ließen Waffen und Einrichtung zurück. Tausende liefen zu den Russen über, ließen sich »umkleiden«. Ukrainische Kommandeure auf der Krim baten Kiew händeringend um Befehle. Doch die neue Regierung in Kiew gab keine Befehle, die Staatsmacht in der Ukraine war paralysiert. Die Krim konnte ohne Blutvergießen von Russland annektiert werden.

Der Westen wurde von der Entwicklung kalt erwischt. Die Annexion der Krim hatte mit einem Ablenkungsmanöver begonnen: Mehr als 150 000 russische Soldaten nahmen dafür an Übungen im westlichen Militärbezirk Russlands teil. Auch politisch war der Westen nicht auf die Krim-Aktion eingerichtet. Russland hatte in all den Jahren zuvor nicht signalisiert, dass es die Russen auf der Krim, die mehr als 60 Prozent der Bevölkerung stellten, gegen Diskriminierung schützen müsse. Die Lage war auch anders als im vom UN-Mandat nicht gedeckten Nato-Einsatz in Jugoslawien, den Russland gern als Parallele für ein ähnliches Verhalten des Westens anführt. Im Kosovo waren mehr als 200 000 Menschen vertrieben worden, es hatte vor dem Militäreinsatz des Westens langwierige diplomatische Verhandlungen unter russischer Beteiligung gegeben, und es waren mehrere UN-Resolutionen verabschiedet worden, die Serbien deutlich kritisiert hatten.[3]

Auf der Krim hatte es Spannungen zwischen Russen und Krimtataren gegeben, aber keine offenen Feindseligkeiten. Der Westen sah hier kein Krisengebiet. Zwar hatte 2008 der damalige EU-Erweiterungskommissar Olli Rehn davor gewarnt, die Krim könnte »das nächste Ziel« Putins sein. Und auch für die deutsche Politik war die Idee eines militärischen Vorgehens Russlands gegen die Ukraine schon Jahre zuvor erörtert worden. Nachdem Russland sich mit Georgien 2008 einen Krieg geliefert hatte, wurden im Planungsstab des Auswärtigen Amtes zahlreiche Szenarien durchgespielt. Eines davon war, dass die Russen die Krim annektieren würden. Doch dieses Szenario sortierte man im deutschen Außenministerium schon sehr früh wieder aus. Die Diplomaten hielten es einfach für zu wenig wahrscheinlich.

Wie kalt erwischt die EU wurde, zeigt das Beispiel von Frank-Walter Steinmeier. Der SPD-Politiker, gerade zum zweiten Mal Chef des Auswärtigen Amts geworden, hatte eigentlich geplant, in der Russland-Politik neue Akzente zu setzen, und war noch am 13. und 14. Februar 2014 in Moskau gewesen. Steinmeier hielt Putin für rational und zugänglich. Er hatte sich mit dem russischen Präsidenten getroffen und mit ihm 80 Minuten geredet, auf der anschließenden Pressekonferenz von einer »Positivagenda« gesprochen, eine Art Fortsetzung der Modernisierungspartnerschaft, mit der er die deutsch-russischen Beziehungen voranbringen wollte. Diese Agenda sollte sich um die Energiebeziehungen, das Sozialsystem, die Förderung kleiner und mittlerer Unternehmen und um die Wissenschaft drehen.

Diese Illusion war geplatzt. Die Bundesregierung versuchte dennoch zunächst, eine Verschärfung der Lage abzuwenden. Steinmeier traf sich mit dem russischen Außenminister Sergej Lawrow, doch die Gespräche blieben wirkungslos. Dennoch sollten Sanktionen der EU zunächst nur angedroht, noch nicht beschlossen werden. Denn Moskau nutzte den Vorteil, seinen Angriff auf die Krim zu verschleiern, die westlichen Politiker gingen zunächst von einer möglicherweise vorübergehenden Krise aus. Dann entschied Moskau Anfang März, ein beschleunigtes Referendum auf der Krim abzuhalten, um die Krim an Russland anzugliedern.

Das Referendum, das der Annexion den Anschein der Legalität geben sollte, fand am 16. März 2014 statt. Es endete mit dem Traumergebnis von 96,8 Prozent Zustimmung. Zwei Tage später folgte der formale Beitritt der Krim zu Russland. Die EU reagierte jetzt mit einem Sanktionsplan. Die Beziehungen zu Moskau hatten eine neue Eiszeit erreicht, das Vertrauen zu Russland war auf null gesunken. Wer vertraut einem Land, das sich an die von ihm selbst unterzeichneten Verträge nicht hält? 1994 hatte Russland zusammen mit den Vereinigten Staaten und Großbritannien die Souveränität der Ukraine ausdrücklich im Memorandum von Budapest garantiert. Das Abkommen sah vor, dass die Ukraine, damals das Land mit dem drittgrößten Atomwaffenarsenal der Welt, ihre Nuklearwaffen an Russland abgeben sollte, was bis 1996 geschah. Im russisch-ukrainischen Freundschaftsvertrag von

1997 hatte Moskau nochmals die territoriale Integrität und die Unverletzlichkeit der Grenzen der Ukraine anerkannt.

Vor allem schockierten den Westen die Lügen, die die russischen Propagandamedien, aber auch Putin selbst verbreiteten. Putin hatte noch am 4. März gesagt, ein Anschluss der Krim sei nicht vorgesehen, doch kurz darauf wurde das Referendum beschlossen. Moskau bestritt, dass es russische Truppen in der Ukraine gebe, es seien nur Selbstverteidigungskräfte der Krim. Dass diese Kräfte russische Uniformen trugen, erklärte Putin damit, dass man solche Uniformen in jedem Bekleidungsladen kaufen könne. Später hieß es, russische Soldaten in der Ukraine hätten sich verlaufen. Diese Lügen waren eigentlich nicht schwer zu durchschauen, trugen aber zu einer Verunsicherung im Westen über das Handeln und die Ziele der russischen Führung bei.

Doch den Stolz auf seine gelungene Operation konnte der russische Präsident nicht lange verbergen, das Märchen von der freiwilligen Sezession der Krim-Bewohner wurde von Putin selbst als Lüge entlarvt. Schon Mitte April 2014 gab er zu, dass die russischen Militärs auf der Krim »entschieden und professionell« gehandelt hätten. Und im August zeichnete er die 76. Luftlandedivision mit dem Suworow-Orden für die »ehrenhafte Erfüllung der Spezialaufgabe zur Rückholung der Krim« aus. Zum Jahrestag der Krim-Annexion brachte das Fernsehen einen Dokumentarfilm mit einem langen Interview Putins, in dem er betonte, dass er die ganze Aktion angeordnet, gelenkt und überwacht habe.

Im Innern brachte die Blitzeroberung der Krim, die keine Opfer gefordert hatte, den gewünschten Effekt. Putins Popularität, die noch im Januar 2014 auf 61 Prozent Zustimmung abgesunken war, schnellte nach oben auf neue Rekordwerte von bis zu 90 Prozent. Die Krim-Annexion wurde von der großen Mehrheit der Russen als Wiederherstellung der historischen Gerechtigkeit angesehen. Im Mai 2014 sprachen sich laut einer Umfrage des Moskauer Lewada-Zentrums nur fünf Prozent gegen den Anschluss der Halbinsel aus. Die Angliederung der Krim bewirkte einen nationalen Rausch in Russland. Endlich, nach Jahren der Demütigung, in denen sich anscheinend alle von Russland abgewandt hatten, schlossen sich mehr als zwei Millionen Menschen freiwillig Russland an. Die Überhöhung der Annexion als Wiedergewinnung einer urrussischen, heiligen Erde war die propagandistische Begleitmusik, die diesen Rausch noch anfachte. So entstand die kurzzeitige Fiktion einer Wiedergeburt Russlands. Dass die Eroberung der Krim unblutig verlief, trug viel dazu bei, dass sie als glänzender Sieg gefeiert und von der Bevölkerung fast einhellig begrüßt wurde.

Der Krieg in der Ostukraine

Das Spiel ohne Regeln setzte der Kreml parallel zur Heimholung der Krim in der südöstlichen Ukraine fort. Während Russland 30 000 bis 40 000 Soldaten an der ukrainischen Grenze konzentrierte, wurden im Donbass Verwaltungsgebäude, Polizeistationen und Redaktionen von »prorussischen Separatisten« seit Anfang März 2014 gestürmt und besetzt. Was auf dem Majdan möglich gewesen war, das wollte der Kreml nun in eigener Regie im Osten der Ukraine wiederholen. Auch viele russische »Touristen«, tatsächlich Mitglieder russischer Spezialeinheiten, aber auch ehemalige Soldaten, Leute aus privaten Sicherheitsdiensten, Kosaken und tschetschenische Kämpfer des moskautreuen Präsidenten Ramsan Kadyrow reisten in die Ostukraine und unterstützten die Aufständischen. Die »souveränen Volksrepubliken« Donezk und Luhansk wurden ausgerufen.

Die Regierung in Kiew musste im April zugeben, dass sie über große Teile des Donbass keine Kontrolle mehr hatte. Wohl behauptete Putin immer wieder, er habe keinen Einfluss auf die Separatisten, aber das war gelogen. Schon ab Anfang April übernahmen Geheimdienstleute oder ehemalige Militärs das Kommando in den Separatistengebieten. Zwar kostete es Moskau Mühe, alle Separatisten unter Kontrolle zu bringen – zum einen, weil sich in den Konflikt dort auch schlicht Kriminelle einmischten, zum anderen, weil dort die Reste des Janukowitsch-Clans um Einfluss kämpften. Doch selbst jene, die aus dem Ruder liefen, hingen von russischer Versorgung ab und konnten schließlich weitgehend zur Räson gebracht werden.

Putin bestritt auch, dass es in der Ostukraine russische Soldaten, Geheimdienstleute oder Instrukteure gebe, dort sei allein die ortsansässige Bevölkerung aktiv. Allerdings stand das im Widerspruch zu den Äußerungen diverser Führer der Separatisten, die mit Stolz darauf hinwiesen, dass sie von russischen Offizieren angeleitet würden. Tatsächlich unterstützten von Anfang an russische Spezialeinheiten die Separatisten, stellten Ausbilder und wiesen sie in die komplexeren Waffensysteme ein. Russland schickte Nachschub über die Grenze, wenn nötig, getarnt als humanitäre Hilfskonvois. Im Mai erklärten die Führungen der »Volksrepubliken« Donezk und Luhansk, nachdem sie Referenden abgehalten hatten, ihre Souveränität und äußerten den Wunsch, Russland beizutreten.

Auf der ukrainischen Seite gingen Freiwilligenverbände gegen die Separatisten und ihre Unterstützer vor. Viele waren von nationalistischen und rechtsradikalen Kräften wie dem »Rechten Sektor« dominiert, die schon für die Gewalt auf dem Majdan mitverantwortlich gewesen waren. Die ukrainische Armee, über viele Jahre vernachlässigt, war zum Zeitpunkt der Besetzung der Krim in desolatem Zustand, sie wurde erst nach und nach in Kampffähigkeit versetzt und spielte an der entstehenden Front zunächst keine große Rolle. Im Mai begannen die ukrainischen Kräfte ihre Offensive zur Rückeroberung der Separatistengebiete, es kam zu regelmäßigen Kämpfen mit den Rebellen. Die Separatisten entführten auch OSZE-Beobachter. Auf beiden Seiten der Front ging man gegen vermeintliche Feinde rücksichtslos vor.

Die Führung in Moskau unterstützte die Separatisten immer offensichtlicher mit Waffen, Artillerie, Panzern und Raketenwerfern. Geliefert wurden auch Luftabwehrwaffen. Die Separatisten schossen damit Dutzende Maschinen der ukrainischen Luftwaffe ab. Am 17. Juli 2014 wurde ein malaysisches Passagierflugzeug mit fast 300 Menschen an Bord getroffen. Die Passagiere waren zum großen Teil Urlauber aus den Niederlanden. Niemand, der an Bord des Fluges MH17 war, überlebte.

Auf der Internet-Seite des Führers der Separatisten Igor »Strelkow« erschien an diesem Tag die Mitteilung, es sei gerade ein Flugzeug AN-26 abgeschossen worden. »Der Vogel ist außerhalb von bewohntem Gebiet auf eine Halde gefallen. Friedliche Menschen kamen nicht zu Schaden.«[4] Eine Vielzahl weiterer Indizien weisen darauf hin, dass die Separatisten das Flugzeug mit einer Buk-M1-Boden-Luft-Rakete abschossen, auch wenn sich das nicht letztlich beweisen lässt. Der Abschuss war ein Schock für den Westen, er führte dazu, dass die Haltung gegenüber Moskau härter wurde. Die schon vor dem Abschuss beschlossene zweite Welle von Sanktionen wurde jetzt rasch umgesetzt.

Moskau behauptete indessen, dass die Kiewer »faschistische« Regierung die Proteste friedlicher Bürger im Donbass niederschlage. Hatte der Kreml zu Beginn die Separatisten nur verdeckt unterstützt, so wurde die Intervention immer sichtbarer, je mehr die ukrainischen Freiwilligenmilizen und die Armee Erfolge erzielten, auf die Moskau reagieren musste. Von Mai bis Juli 2014 hatten die ukrainischen Kräfte fast zwei Drittel der 36 umkämpften Bezirke wieder zurückerobert. Im August 2014 drohte den »Volksrepubliken« Luhansk und Donezk eine militärische Niederlage. Nun wurden verdeckt operierende reguläre Einheiten der russischen Armee in der Ostukraine eingesetzt, nach Ansicht von Militärexperten bis zu 4000 Mann. Verschleiern ließ sich deren Einsatz nicht mehr, auch wenn Putin weiterhin behauptete, dort seien nur Soldaten, die Urlaub genommen hätten. Zu den »Urlaubern« kamen eine größere Zahl an Separatisten, angeblich bis zu 1200 Mann, die eine militärische Ausbildung in Russland erhalten hatten. Russische Panzer und Panzerfahrzeuge kamen nun in den Kämpfen ebenso zum Einsatz wie Raketenwerfer. Die drohende Niederlage der Separatisten wurde abgewendet. Allerdings starben dabei mutmaßlich Hunderte russische Soldaten, immer öfter kam die sogenannte »Fracht 200« auf Lastwagen in russischen Städten an – ein Code für den Transport von Leichen. Die Gefallenenzahlen wurden vom Kreml verschwiegen, die Gefallenen wurden geheim bestattet. Putin machte durch die von ihm unterstützte Offensive deutlich, dass er eine Niederlage der Separatisten auf jeden Fall verhindern würde, und zeigte den Ukrainern, dass sie nicht auf eine Intervention der Nato zu ihren Gunsten hoffen konnten.

Gleichzeitig musste der Westen erkennen, dass es Moskau nicht nur darum ging, die Annexion der Krim durch das Eingreifen in der Ostukraine abzusichern, sondern dass die Pläne des Kremls weiter reichten. Da Russland sich nicht als Kriegspartei erklärt hatte, mussten Europäer und Amerikaner die Absichten des Kremls aus dem militärischen Vorgehen und der Propaganda »erraten«. Auffällig war, dass immer öfter der Begriff »Noworossija« verwendet wurde, zu Deutsch »Neurussland«, um ein Gebiet in der Ukraine zu bestimmen, auf das Russland Anspruch erhebt. Putin selbst adelte diesen Begriff, indem er ihn am 17. April 2014 im Fernsehen zum ersten Mal benutzte. »Wenn man die zaristische Terminologie benutzt, dann möchte ich sagen, dass das nicht die Ukraine ist, sondern Neurussland«, sagte er. Dieses Neurussland sei zur Zarenzeit kein Teil der Ukraine gewesen, erst in den zwanziger Jahren habe man es der Ukraine zugeschlagen.

Der Begriff »Neurussland« war bis dahin nur von Propagandisten der Eurasier-Bewegung und russischen Neofaschisten benutzt worden, um den Anspruch auf den Osten der Ukraine zu erheben. Nun wurde er staatliche

Politik. Es war die Ansage, dass Russland den Konflikt auf eine möglichst große Fläche im Süden und Osten der Ukraine ausdehnen wollte, auch auf die am Schwarzen Meer gelegenen Gebiete. Charkow, Cherson und Odessa und andere Städte wurden neben Donezk und Luhansk als Ziele genannt, eine Landbrücke zur Krim sollte erobert werden. Die Eroberung von Odessa hätte eine Verbindung zum separatistischen Gebiet Transnistrien gebracht, einem Teil der Republik Moldau, in der ein russisches Truppenkontingent steht. Es ging um die Abtrennung eines Drittels des Gebiets der Ukraine, das, so legte es Putin nahe, historisch zu Russland gehöre.

Dass das Konzept Neurussland nicht Wirklichkeit wurde, hatte mehrere Gründe. Es fehlte an Planung, aber vor allem an den nötigen Ressourcen. Der Kreml hätte dafür weit mehr Soldaten als die flexiblen schnellen Eingreiftruppen zur Verfügung haben müssen, die er bisher in der Ostukraine einsetzte. Diese Truppen erfüllten andere Aufgaben als Besatzungstruppen. Russland hätte ein großes Gebiet sichern und dort faktisch die Grenzen eines neuen Staates errichten und kontrollieren müssen. Als verdeckte Operation wäre das nicht mehr möglich gewesen. Damit wäre der Krieg in der Ukraine zu einem offenen Krieg geworden. Er hätte in der Folge einen politischen Preis gekostet, nämlich die völlige Zerrüttung der Beziehungen zum Westen – davor schreckte der Kreml zurück. Zudem hätte Moskau kaum dauerhaft die Versorgung eines so großen Gebietes stemmen können. Schon Mitte Mai 2015 erklärten die Führer der »Volksrepublik Donezk« das Projekt Neurussland für beendet, der Begriff verschwand dann auch in Russland allmählich aus der Propaganda.

Die Operation »Neurussland«, so heißt es heute in Moskau, sei schlecht vorbereitet gewesen. Offensichtlich hatte das auch mit einer Fehlkalkulation zu tun, die für die gesamte Operation Russlands in der Ukraine gilt. Der Kreml überschätzte die prorussische Stimmung in der Bevölkerung. Umfragen vom Mai 2014 haben ergeben, dass in der Ostukraine nur 15 Prozent den Anschluss an Russland befürworteten. Auch in Luhansk und Donezk war nur eine Minderheit von rund 30 Prozent dafür. Wie zuverlässig solche Umfragen auch sein mögen: Russland unterschätzte auch die Möglichkeiten der militärischen Gegenwehr der Ukraine. Anders als beim kurzen Krieg in Georgien und der unblutigen Besetzung der Krim gelang es im Osten der Ukraine nicht, schnell zu einem Erfolg zu kommen. Hinzu kam, dass die Verluste, die sich nicht ganz geheim halten ließen, die Popularität der Kämpfe in der Ostukraine in der russischen Bevölkerung dämpften. Zu Propagandazwecken für die eigenen Bürger taugte die Operation mit der Dauer der Gefechte immer weniger. Hinzu kam nicht zuletzt die Diskussion im Westen, ob man der Ukraine mit umfangreichen Waffenlieferungen helfen solle. Das waren die Gründe dafür, dass Moskau sich auf Verhandlungen einließ.

Ein eingefrorener Konflikt

Ein erster Waffenstillstand, der im September 2014 in der weißrussischen Hauptstadt Minsk beschlossen worden war, scheiterte jedoch. Die Waffen schwiegen nach dem Abschluss von »Minsk I« nie. Den »Weihnachtsfrieden«

2014 nutzten die Separatisten, um sich neu zu formieren. Russland brachte Raketensysteme, Artillerie und Panzer über die Grenze. Dazu gehörten hochmoderne Waffen wie der T-80-Panzer und das Luftabwehrsystem S-400. Die Separatisten waren so den ukrainischen Soldaten schnell technisch überlegen. Ihre neue Großoffensive fand im Januar und Februar 2015 statt. Die Separatisten eroberten etwa 1000 Quadratkilometer bis Anfang Februar, griffen die Stadt Mariupol an. Die Kämpfe konzentrierten sich auf den Ort Debalzewe, einen Knotenpunkt zwischen Donezk und Luhansk. Dort waren bis zu 8000 Soldaten der ukrainischen Armee eingeschlossen. Ein Durchstoßen der separatistischen Kräfte und ihrer russischen Unterstützer bis zur Krim schien möglich.

Bundeskanzlerin Merkel und der französische Präsident Hollande mussten nun handeln, um eine militärische und humanitäre Katastrophe zu verhindern und dem ukrainischen Präsidenten Petro Poroschenko, der im Mai 2014 gewählt worden war, das politische Überleben zu sichern. Putin hatte zwar Ende Januar einen Vorschlag nach Berlin und Paris geschickt, wie er sich die Zukunft in den umkämpften Gebieten vorstellte. Nach einem Waffenstillstand sollten die Gebietsgewinne der Separatisten festgeschrieben und eine Föderalisierung der Ukraine beschlossen werden, die auch die Anerkennung der »Volksrepubliken« Donezk und Luhansk vorsah – eine »Lösung«, die für Kiew unannehmbar war.

Merkel und Hollande beschlossen, zu Putin zu reisen – es ging ihnen darum, dessen ursprünglichen Plan zu verändern, aber auch darum, der Verwirklichung der Vorschläge aus den Vereinigten Staaten zuvorzukommen, wo über langfristige Waffenlieferungen an die Ukraine in Höhe von drei Milliarden Dollar diskutiert wurde. Diese Aussicht nutzten die Kanzlerin und Hollande, um Putin unter Druck zu setzen – der russische Präsident willigte ein, an einem Gipfeltreffen in Minsk teilzunehmen. Deutsche, französische, russische und ukrainische Diplomaten arbeiteten dann in Berlin die Vorschläge für das Treffen aus. Da das militärische Gleichgewicht fehlte, war der Westen bei den Verhandlungen in einer schwierigen Lage. Trotzdem gelang es, den Konflikt in der Ostukraine einzufrieren, wenn auch Putin das Datum, bis das Abkommen in Kraft trat, noch um einige Tage hinauszögerte, damit die Separatisten in Debalzewe noch einen militärischen Sieg erringen konnten. Der Konflikt schwelte danach auf kleiner Flamme weiter, eine weitergehende Beruhigung trat erst ein, als Putin Anfang September 2015 den Einsatz seiner Streitkräfte in Syrien anordnete.

Mit dem Abkommen vom 12. Februar 2015 konnten Deutschland und Frankreich verhindern, dass der Krieg in der Ukraine eskalierte. Dadurch wurden weitere Opfer in wahrscheinlich großer Zahl verhindert. Vereinbart wurden eine Waffenruhe, ein Gefangenenaustausch und die Einrichtung einer Pufferzone, die durch den Abzug schwerer Waffen entstehen sollte. Als weit schwieriger erweisen sich die Verabredungen, die den zukünftigen Status der Separatistengebiete und die Fragen der ukrainischen Souveränität betrafen. Laut dem Abkommen soll Kiew durch eine Verfassungsänderung eine Föderalisierung der Ukraine beschließen, in den »Volksrepubliken« Donezk und Luhansk sollen lokale Wahlen stattfinden, am Ende des Prozesses soll die Ukraine wieder die Hoheit über ihre Grenze zu Russland erlangen. Bisher erscheint es unwahrscheinlich, dass es dazu kommen wird. Über den Ablauf der Lokalwahlen in den Separatistengebieten, die teilnehmenden Parteien und eine Beobachtung durch die OSZE gab es Anfang 2016 noch keine Einigung. Russland hingegen wird absehbar die separatistischen Kräfte weiter unterstützen und deshalb eine Übergabe der Grenzkontrolle an die Ukraine verhindern.

Sicher ist: Russland wird sein großes Stör- und Einflusspotenzial nutzen, um Kiew den Weg nach Westen zu verbauen. Das gilt auch für die beiden anderen Staaten, die eine Annäherung an die EU anstreben: Georgien und Moldau. In beiden Ländern hat Russland dafür gesorgt, dass eine Aufnahme in die EU oder die Nato durch territoriale Konflikte unmöglich ist. In Georgien stehen russische Truppen in den an Moskau orientierten Sezessionsgebieten Abchasien und Südossetien, in Moldau im abtrünnigen Landesteil Transnistrien. Russland betrachtet diese Länder als seine Einflusszone, ihnen kommt in der russischen Außenpolitik eine besondere Bedeutung zu, wie es in der Ende 2015 verabschiedeten nationalen Sicherheitsstrategie heißt. Die EU hat diesen Ländern ihrerseits eine »östliche Partnerschaft« angeboten, um sie jenseits einer Vollmitgliedschaft enger an die Union heranzuführen. Doch Moskau wird alles tun, um eine weitere Annäherung dieser Länder an die EU zu verhindern. Wie in der Ukraine fehlt dem Westen auch in diesen Ländern im Konfliktfall die Möglichkeit, einer russischen Interessenpolitik, die auch auf militärische Mittel setzt, wirksam entgegenzutreten. Ein Vorgehen Moskaus wie in der Ukraine kann sich dort wiederholen.

4. Die neue Militärmacht

Vorteil Russland

Der hybride Krieg, den Russland in der Ukraine entfesselte, hat den Westen unvorbereitet getroffen. Zwei Jahrzehnte lang hatten westliche Experten die fehlende Effektivität und Einsatzbereitschaft der russischen Armee beschrieben und den Fehlschlag aller Versuche, aus einer veralteten Massenarmee sowjetischen Zuschnitts, in der es mit der Moral nicht zum Besten stand, moderne Streitkräfte zu machen. Doch nun zeigte sich, dass diese Wahrnehmung so nicht mehr stimmte: Vom Westen kaum gesehen, reformierte sich das russische Militär und erhöhte deutlich die Effektivität der Streitkräfte. Es fand eine »leise Militärrevolution« statt, wie der Militärfachmann Gustav Gressel schreibt.[1] Die russischen Streitkräfte, so der deutsche Nato-General Hans-Lothar Domröse, sind »heute hochmodern, flexibel und schlagkräftig – und auch zahlenmäßig stark«. Die Nato hingegen habe seit dem Ende des Kalten Krieges 25 Prozent ihrer Streitkräfte abgebaut. Man müsse deshalb prüfen, ob die Nato nicht zu klein werde und Russlands Militär zu groß, so der deutsche General.[2]

Doch geht es nicht nur um die Zahl an Soldaten und Militärtechnik, sondern auch um die Einsatzfähigkeit. Die russischen Landstreitkräfte sind heute einsatzfähiger als die Armeen der EU-Staaten. Europa hat diese Entwicklung verschlafen. Und es tut sich schwer, darauf einheitlich zu reagieren. Den Streitkräfteeinsatz von 28 EU-Staaten zu koordinieren und deren Fähigkeiten aufeinander abzustimmen ist schwierig, und es wurde bisher wenig trainiert. Russland ist deshalb klar im Vorteil, wenn es darum geht, die europäische Ordnung nach dem Ende des Kalten Kriegs durch militärische Mittel zu seinen Gunsten zu verändern.

Möglich wurde diese Entwicklung vor allem durch eine Militärreform, die zwischen 2008 und 2012 in Russland stattfand. Der Anlass für die Umgestaltung war der Krieg gegen Georgien im Jahre 2008. Der damalige georgische Präsident Micheil Saakaschwili, ein Heißsporn mit Hang zur Selbstüberschätzung, ging davon aus, dass Russland auf militärische Aktionen im georgischen Sezessionsgebiet Südossetien, in dem russische Truppen stationiert waren, nicht reagieren würde. Denn die georgische Armee wurde damals von den Amerikanern trainiert und unterstützt. Die rieten ihm ab, sich von den Russen provozieren zu lassen, ein Waffengang werde schlecht für ihn enden.

Anfang August kam es an der Grenze zwischen Georgien und Südossetien immer wieder zu Feuergefechten. Am 7. August entschied Saakaschwili, der zuvor noch einen Waffenstillstand verkündet hatte, die südossetische Hauptstadt Zchinwali einzunehmen. Er glaubte, dass er damit einem Putschversuch Moskaus zuvorkomme, denn russische Truppen waren bereits auf dem Weg nach Georgien. Doch der Kreml wartete nur auf einen Anlass, um gegen das Nachbarland im Süden Krieg zu führen. Saakaschwili tappte in die Falle. Russland gewann diesen Fünftagekrieg rasch aufgrund seiner personellen und materiellen Überlegenheit gegenüber der georgischen Armee. Präsident Medwedjew ließ die russischen Truppen vor der georgischen Hauptstadt Tbilissi anhalten. Aufgrund der internationalen Proteste entschied sich Moskau nicht dazu, Saakaschwili zu stürzen, sondern begnügte sich mit dem raschen militärischen Sieg und einer noch engeren Anbindung der georgischen Sezessionsgebiete Südossetien und Abchasien an Russland.

Doch den Militäreinsatz gegen Georgien erlebte der Kreml in Wirklichkeit als Desaster. Die russischen Streitkräfte siegten nur aufgrund ihrer numerischen und militärtechnischen Überlegenheit. Der Einsatz selbst aber erwies sich als Misserfolg, da die einzelnen Truppenteile nicht abgestimmt vorgingen und nur unzureichend oder gar nicht miteinander kommunizierten. In der Folge gab es zahlreiche Vorfälle von »friendly fire«, mehrfach wurden die eigenen Leute beschossen. Tatsächlich waren die georgischen Soldaten in ihrer Kampf- und Einsatzbereitschaft den Russen überlegen.

Die russische Führung zog daraus die Konsequenzen. Seit Ende 2008 wurde eine Reform durchgeführt, in deren Verlauf die Zahl der Offiziersstellen stark reduziert und auch die Zahl der Einheiten im Heer, in der Luftwaffe und Marine deutlich vermindert wurde. Es wurden weniger Wehrpflichtige einberufen, die Zahl der Zeitsoldaten wurde auf 300 000 Mann erhöht, sodass stärker als zuvor eine Berufsarmee entstand. Und es wurde eine Art schnelle Eingreiftruppe von 40 000 bis 50 000 Mann geschaffen, die aus bis zu 40 Spezialeinheiten besteht, so der russische Militärexperte Alexander Golz.[3] Sie erhielten eine klarere und schlankere Kommandostruktur mit einigen wenigen

Entscheidungsträgern an der Spitze. Auch die Ausbildung der Wehrpflichtigen wurde konzentriert und reformiert, europäische Länder wie Österreich und die Schweiz halfen dabei, den russischen Partnern westliche Führungstechniken zu vermitteln.[4] Das Ziel, eine rasche Einsatzfähigkeit und Verlegbarkeit der russischen Streitkräfte zu gewährleisten, wurde erreicht.

Kriegsspiele und Drohgebärden

Damit die russischen Streitkräfte tatsächlich für einen Einsatz bereit waren, wurde die Zahl der Manöver deutlich erhöht und deren Ablauf neu gestaltet. Die geübten Szenarien weisen darauf hin, dass Moskau auf eine offensive Strategie setzte. So war das Manöver »Sapad (Westen) 2009« das erste seit dem Ende des Kalten Kriegs, das sich ausdrücklich gegen die Nato richtete. In dem Szenario führte Russland nach einem Nato-Angriff aus dem Baltikum Nuklearschläge gegen Polen aus, um das transatlantische Bündnis von weiterem Vorgehen abzuschrecken. Am Ende wurden die baltischen Armeen gefangen genommen und eine Landbrücke nach Kaliningrad gesichert. Auch in anderen Manövern wie »Ladoga 2009« und »Ladoga 2012« wurden militärische Operationen gegen die baltischen Staaten und Finnland trainiert. An »Sapad 2013«, das im September 2013 als russisch-weißrussisches Manöver stattfand, waren angeblich 70 000 Soldaten beteiligt, wenn auch nur gut 25 000 der Nato gemeldet worden waren. Nach dem offiziellen Szenario wurde ein Angriff von »Terroristen« aus den baltischen Staaten gegen Weißrussland zurückgeschlagen. Die russische Armee musste mit einer Blitzoffensive die baltischen Staaten vom Rest Europas abtrennen, um dann die Terroristen zu besiegen.

Die »Sapad«-Manöver zeigten, dass Russland die baltischen Staaten und Polen als mögliche Ziele russischer Militäraktionen ins Kalkül zieht. Kein Wunder, dass man in Tallinn, Riga, Vilnius wie auch in Warschau darin eine Bedrohung sieht. Russland ist heute in der Lage, jeden seiner Nachbarn militärisch zu besiegen, wenn diese von westlicher Unterstützung abgeschnitten sind. Die Furcht der Balten und Polen vor einem erfolgreichen Krieg Russlands gegen sie hat nicht zuletzt diesen Hintergrund.

Für einen hybriden Krieg kann Russland neben seiner Armee auch auf andere bewaffnete Kräfte zugreifen. So stehen allein 170 000 Mann in den Truppen des Innenministeriums unter Waffen. Sie sind in paramilitärischen Einheiten organisiert und in der Lage, Aufgaben der Terrorismusbekämpfung oder der Grenzsicherung zu übernehmen. Hinzu kommen Truppen des Katastrophenschutzministeriums, aber auch Veteranenverbände und nationalistische Organisationen, deren Mitglieder als Freiwillige militärische und nichtmilitärische Aufgaben übernehmen, wie es in der Ukraine geschehen ist.

Moskau zeigte sein neues militärisches Selbstbewusstsein nicht nur bei Großmanövern, sondern es erhöhte auch seine militärische Präsenz an den Außengrenzen der Nato sichtbar und setzte dabei auch auf provokative Aktionen. So dienen riskante militärische Übungsflüge dazu, eine strategische Unberechenbarkeit zu demonstrieren. Allein im Jahr 2014 fing die Nato in mehr als 400 Fällen russische Militärmaschinen ab, die dem Luftraum der Allianz gefährlich nahe kamen – viermal mehr als im Jahr zuvor. Im Zuge der Luftraumüberwachung über den drei baltischen Staaten Estland, Lettland und Litauen gab es 2014 nach Nato-Angaben allein 150 solche Vorfälle. Russische Langstreckenbomber und Kampfjets flogen über der Ost- und Nordsee und auch über dem Schwarzen Meer, mitunter mit hohen Risiken für die zivile Luftfahrt. Im Spannungsfall wäre das russische Verhalten ein Spiel mit dem Feuer – denn im Zweifel muss ein lokaler Kommandeur entscheiden, ob er in einer Aktion immer noch eine Übung sieht oder aber schon den Beginn eines Kriegs.

Wie bei den Landstreitkräften hat auch bei der russischen Luftwaffe seit 2009 eine Reform begonnen, sie wird nach und nach erneuert. Auch hier geht der Trend zu kleineren, aber modernen und schlagkräftigen Einsatzverbänden. Die russische Führung hat dafür gesorgt, dass die Flugstunden ihrer Piloten erheblich heraufgesetzt wurden. Absolvierte bis vor wenigen Jahren ein russischer Pilot nur 20 Flugstunden im Jahr, so sind es heute angeblich 160 – achtmal so viel wie zuvor. Die Piloten in den Nato-Staaten bringen es durchschnittlich auf 80 bis 90 Flugstunden im Jahr, also nur auf halb so viele wie ihre russischen Kollegen. Seit Ende September 2015 sind die russischen Luftstreitkräfte zudem in Syrien im Einsatz, fliegen bis zu 200 Einsätze am Tag.

Zwar sind die Streitkräfte Europas den russischen immer noch zahlenmäßig überlegen. Und auch in Russland sind schätzungsweise nur 65 Prozent der neuen Kampfeinheiten tatsächlich einsatzfähig. Doch bei den europäischen Landstreitkräften sind es gerade einmal 30 Prozent. Viele

Einheiten in der EU existieren »eher auf dem Papier als in der Realität«.[5] Sollten die EU und die Nato etwa auf eine russische Aggression in den baltischen Staaten reagieren müssen, so würde das zudem geraume Zeit kosten, weil die wichtigsten Streitkräftebasen der Nato in Deutschland etwa 1700 Kilometer entfernt liegen. Zudem reichen Zahl und Ausstattung der geeigneten Flugplätze im Osten der EU nicht aus, um größere Truppenverlegungen rasch durchzuführen.

Die Militarisierung des Landes

Die zutreffende Analyse, Russland habe seine Wirtschaft in den vergangenen Jahren unzureichend modernisiert, kann für einen wichtigen Bereich nicht gelten: die russische Rüstungsindustrie, traditionell als militärisch-industrieller Komplex bezeichnet. Im Gegenteil: Moskau hat seine Anstrengungen auf diesem Gebiet enorm gesteigert, zahlreiche moderne Waffensysteme entwickelt und hohe Kosten nicht gescheut. Das aktuelle Programm zur Rüstungsmodernisierung, das auf zehn Jahre angelegt ist und bis 2020 abgeschlossen sein soll, sieht Ausgaben in Höhe von 700 Milliarden US-Dollar vor.

Vieles hat Russland heute schon erreicht: Die Flugabwehrsysteme S-300 und S-400 gehören zu den modernsten ihrer Gattung, russische U-Boote sind in der Lage, amerikanische Flugzeugträger zu zerstören, und das russische Satellitensystem Glonass, das Pendant zu GPS, mit dem präzise Lenkwaffen ins Ziel gesteuert werden können, funktioniert nach 15 Jahren Entwicklung. Die Modernisierung der russischen Industrie findet vor allem im und durch den Rüstungssektor statt. An dieser Modernisierung hat auch der Westen seinen Anteil. Viele EU-Staaten, darunter auch Deutschland, unterstützten bis zur Ukraine-Krise zahlreiche russische Rüstungsprogramme durch Waffen- und Technologieexport. Russland verkauft aber auch selbst immer mehr Waffen, ist der zweitgrößte Waffenexporteur der Welt, übertroffen nur noch von den Vereinigten Staaten, deren Rüstungsexporte allerdings zurückgehen. Nach Angaben des Stockholmer Forschungsinstituts Sipri hat Moskau seine Waffenexporte im Zeitraum von 2010 bis 2014 um 37 Prozent gesteigert; eine höhere Steigerung hatte nur China zu verzeichnen. Putin bezifferte den Wert der russischen Waffenexporte für das Jahr 2014 auf 15 Milliarden Dollar.

Die Militarisierung des Landes, die von Putin betrieben wird, zeigt sich auch in den Haushaltszahlen. Seine Verteidigungsausgaben hat Moskau von 2004 bis 2014 glatt verdoppelt. Zuletzt stiegen sie von rund 70 Milliarden Dollar im Jahr 2011 auf fast 92 Milliarden Dollar 2014. Viele Beobachter gehen davon aus, dass Russland sich selbst zum Opfer einer »imperialen Überdehnung« macht, also durch die Ausgaben für innere und äußere Sicherheit einen fatalen Niedergang der Wirtschaft bewirkt. So gibt Moskau heute, rechnet man die geheimen Posten im Haushalt dazu, schon 10,7 Prozent seines Bruttoinlandsprodukts (BIP) für Rüstung aus. Die europäischen Nato-Mitglieder lagen 2014 bei durchschnittlich 1,6 Prozent des BIP; in Deutschland waren es 1,3 Prozent, in den Vereinigten Staaten 4,4. Putin hat jedoch Warnungen, etwa des früheren Finanzministers Alexej Kudrin, Russland werde dadurch den tödlichen Weg der Sowjetunion gehen, als »zutiefst wahnhafte Vorstellung« bezeichnet.[6] Während in der Wirtschaftskrise für den Haushalt 2016 die Ausgaben für Bildung und Soziales um zehn Prozent gekürzt werden, wird der Verteidigungsetat weiter angehoben. Schon seit 2012 übertrifft er die Ausgaben für Soziales. Leiden heute die meisten russischen Regionen unter Budgetproblemen, stehen diejenigen Regionen gut da, in denen der militärisch-industrielle Komplex seine Schwerpunkte hat.

Das A und O der russischen Militärmacht sind die Nuklearstreitkräfte. Auf ihre Modernisierung legte Putin von Anfang an die Priorität. Die zehn Brigaden mit nuklearen Langstreckenraketen sollen bis 2018 umgerüstet sein, die neuen Raketen fliegen schneller und höher und sind treffgenauer. Ziel ist es, das strategische Gleichgewicht der Kräfte zu erhalten. Die Vorstellung, dass die Vereinigten Staaten einen Atomkrieg durch einen Erstschlag gewinnen könnten, treibt die russische Führung um.

Russlands neue Interkontinentalraketen sind nicht zuletzt eine Reaktion auf die amerikanischen Pläne für eine Raketenabwehr. Zwar sieht der Abwehrschirm, der gegen Iran und Nordkorea gerichtet ist, derzeit nur 44 Abwehrraketen vor, die das russische Raketenpotenzial schnell »sättigen« und damit überwinden könnte. Doch Moskau geht davon aus, dass ein Raketenabwehrschirm, einmal in Polen und Rumänien installiert, sich am Ende doch gegen Russland richten könnte. In Kaliningrad hat Russland nach dem Scheitern der Verhandlungen über einen gemeinsamen Abwehrschirm von Russland und der Nato die alten SS-21-Raketen durch die moderneren SS-26 ersetzt. Die Vereinigten Staaten stationierten im Frühjahr 2015 Patriot-Abwehrraketen in der Nähe von Warschau. Eine Einigung über den Abwehrschirm ist bisher nicht in Sicht, aber der Kreml hat klargemacht, dass er dessen Errichtung nicht tolerieren wird. Militärexperten befürchten, dass Russland bereit wäre, die Basen der Raketenabwehr zu zerstören – eine militärische Eskalation wäre die zwingende Folge.

Der Kreml betrachtet die russischen Nuklearwaffen auch als Mittel, die konventionelle Überlegenheit der Nato auszugleichen. Russland würde danach zu einem frühen Zeitpunkt eines kriegerischen Konflikts taktische Atomwaffen als eine Art Warnschuss einsetzen. So soll, wie in Manövern geprobt, eine »Deeskalation« in einem Konflikt mit der Nato herbeigeführt werden. Ein nuklearer Erstschlag Russlands würde nach der russischen Strategie die Nato in ihrer militärischen Aktion bremsen, sodass eine politische Lösung gesucht werden könnte. Zum ersten Mal hat Russland, wie beschrieben, ein solches Szenario 2009 geübt – ein Jahr nach dem Georgien-Krieg – zuletzt 2015.

Atomwaffen galten ursprünglich als Waffen, die der Abschreckung dienen und nie angewendet werden sollten. Heute spricht die russische politische und militärische Führung immer häufiger öffentlich über deren möglichen Einsatz. Auch Putin hat das mehrfach getan. Zum Jahrestag der Annexion der Krim brachte das russische Fernsehen 2015 einen Film, in dem der russische Präsident über die damaligen Abläufe befragt wurde. Er sagte, da man nicht gewusst habe, wie der Westen auf die Angliederung der Krim reagieren würde, habe man die Streitkräfte Russlands auf jede mögliche Entwicklung hin vorbereitet. Auf die Frage, ob das bedeute, dass man die Nuklearstreitkräfte in Gefechtsbereitschaft versetzt habe, sagte Putin: »Wir waren bereit, es zu tun.« Als im Dezember 2015 das russische U-Boot »Rostow am Don« Marschflugkörper vom Mittelmeer aus auf die syrische Hochburg des »Islamischen Staats« Raqqa abfeuerte, wies Putin darauf hin, dass diese hocheffektive Waffe auch mit nuklearen Sprengköpfen bestückt werden könne. Die deutsche Friedensbewegung hat gegen solche Drohungen, Atomwaffen einzusetzen, bisher nicht protestiert. Klar ist: Putin will, dass der Westen glaubt, er sei zum Einsatz von Nuklearwaffen bereit.

Dass ein Staat seine Armee modernisiert und so für seine Sicherheit sorgt, ist sein gutes Recht und nicht zu beanstanden. Russland aber verbindet diese Modernisierung mit einer expansionistischen Politik an seinen Außengrenzen. Für den Westen wird es deswegen Zeit, sich auf diese neue Bedrohung einzustellen und sich in die Lage zu versetzen, auf hybride Kriege im östlichen Europa zu antworten. Mit dem Beschluss, eine schnelle Eingreiftruppe der Land-, See- und Luftstreitkräfte in den östlichen Mitgliedsstaaten zu bilden, hat die Nato einen ersten Schritt getan. Vor allem müsste die EU die Fähigkeit entwickeln, in Krisenfällen schnell zu reagieren, um einer Destabilisierung eines Mitgliedsstaats entgegenzuwirken. Auch über militärischen Beistand innerhalb der EU sollte nachgedacht werden.

Der Artikel 42 Absatz 7 des EU-Vertrags, nach dem sich die EU-Staaten bei einem bewaffneten Angriff auf ein

Mitglied Hilfe und Unterstützung schulden, wurde im November 2015 zum ersten Mal von Frankreich nach den Terroranschlägen des »Islamischen Staats« in Paris aufgerufen. Er kann auch im Falle eines hybriden Kriegs zur Anwendung kommen und würde sogar die Nicht-Nato-Staaten Finnland und Schweden umfassen.[7] Eine militärische Konfrontation mit der EU und der Nato birgt allerdings auch für Russland unvorhersehbare Risiken. Doch nach den Erfahrungen mit der Krim-Besetzung und dem Krieg in der Ukraine kann Europa nicht davon ausgehen, dass die russische Führung nicht bereit ist, solche Risiken einzugehen und Fakten zu schaffen, bevor der Westen in der Lage ist zu reagieren.

5. Russlands Informationskrieg

Der Wert der Propaganda

Frühere Diktaturen beruhten in überwiegendem Maße auf Gewalt und deutlich geringerem Maße auf Propaganda. Bei modernen Diktaturen ist es umgekehrt. Sie beruhen vor allem auf Propaganda. Putin verstand das sehr rasch. »Das Geheimnis des Putinismus heißt Propaganda, Spin auf hohem professionellem Niveau«, hat der verstorbene Russland-Kenner Heinrich Vogel 2014 gesagt.[1] In einem Staat, der vom Geheimdienst dominiert ist, sind auch dessen Methoden der Information und Desinformation Teil der staatlichen Politik in allen Bereichen geworden.

Das wichtigste Instrument der Propaganda in Russland ist das Fernsehen. Für mehr als 90 Prozent der Russen ist es die einzige Informationsquelle, in vielen Wohnungen läuft der Fernseher ständig. Putin kannte die Macht des Fernsehens sehr gut, als er Präsident wurde. Mithilfe des Fernsehens hatten die Oligarchen, denen die Sender gehörten, dafür gesorgt, dass 1996 der kranke und eigentlich amtsunfähige Präsident Boris Jelzin noch einmal als scheinbar alternativlos gewählt wurde. Die Polittechnologien, die damals zum Einsatz kamen, wurden 2000 dann auf den auserwählten Nachfolger Putin angewandt. Putin wollte aber nicht vom Wohlwollen der Medienbesitzer abhängen. Seine erste innenpolitische Offensive galt deshalb den Oligarchen, die über Medienmacht verfügten.

Kaum war Putin im Jahr 2000 im Amt, da trennte er sich von Boris Beresowskij, dem besonders zwielichtigen und geschickten Oligarchen. Beresowskij, ein Mathematikgenie, hatte bis dahin großen Einfluss auf die Politik des Kremls, da er Zugang zur nächsten Umgebung von Präsident Jelzin hatte, unter anderem zu dessen Tochter Tanja. Bei der »Operation Nachfolger« hatte Beresowskij viel dafür getan, dass der Kreml sich unter den möglichen Prätendenten für Putin entschied, dem Jelzin am Silvestertag 1999 das höchste Amt quasi übergeben hatte.

Beresowskij rechnete damit, dass Putin ihm dankbar sein werde und er nach der Machtübergabe weiter die Fäden ziehen würde. Als Putin ihm das verweigerte, griff Beresowskij ihn mithilfe des wichtigsten russischen Fernsehsenders, *Erster Kanal*, an, an dem der Oligarch 49 Prozent hielt. Die Chance bot sich, als im August 2000 das russische Atom-U-Boot Kursk untergegangen war, die 118 starke Mannschaft in 108 Meter Tiefe nicht mehr gerettet werden konnte und Putin nur verspätet und ungeschickt tätig geworden war. Putin reagierte damals sehr emotional, das Fernsehen lüge fortwährend. »Wir müssen selbst Informationspolitik machen«, sagte er in einer internen Besprechung. Und er setzte durch, dass Beresowskij keinen Einfluss mehr auf den Fernsehsender hatte, der mehrheitlich im Staatsbesitz war.

Der Oligarch verkaufte seine Anteile an dem Sender, erwarb einen anderen. Doch der Kreml setzte ihn weiter unter Druck und trieb ihn außer Landes. Beresowskij kämpfte vom Ausland aus weiter gegen Putin. Anfang 2013 starb er unter nicht geklärten Umständen in Großbritannien. Auch der Medienunternehmer Wladimir Gusinskij, der den einflussreichen Sender NTW besaß, wurde verhaftet. NTW hatte kritisch über den zweiten Tschetschenienkrieg berichtet, auf dem Putins Popularität zu Beginn stark beruhte. In der Satiresendung »Kukly« (Puppen) wurden wöchentlich die führenden Politiker des Landes durch den Kakao gezogen, Putin tauchte dort in der Rolle des Giftzwergs auf.

Gusinskij unterschrieb in der Untersuchungshaft einen Vertrag, dass er auf seinen Anspruch auf den Sender verzichtete, er verließ Russland, lebt heute in Israel. Der staatlich kontrollierte Konzern Gazprom übernahm 2001 NTW; der Sender wurde damit auf Linie gebracht. Heute sind die elektronischen Medien und die wenigen Printmedien mit Massenauflage in Russland längst fest in staatlicher Hand oder jener »zuverlässiger« Geschäftsleute. Einige Moskauer Zeitungen, die noch kritisch berichten, fallen kaum ins Gewicht. Bei einigen Nachrichtenportalen im Internet wurden seit 2013 die Leitungen ausgetauscht, manche Journalisten gingen ins Ausland. Dem unabhängigen Fernsehkanal Doschd wurde die Sendelizenz entzogen, er kann nur noch über das Internet senden. Mit dem Beginn des Jahres 2016 ist es ausländischen Unternehmen zudem verboten, in Russland mehr als 20 Prozent an Medienunternehmen zu besitzen – viele zogen sich aus Russland zurück.

Das faktische Informationsmonopol, das der Kreml seither innehat, führte dazu, dass Kritik an der offiziellen Politik kaum noch geäußert wurde. Die Nachrichten drehen sich vor allem um Putin und um das, was er sagt und tut, er wird als allgegenwärtiger und für alles sorgender Führer dargestellt. Für Russland unangenehme Ereignisse werden verschwiegen oder falsch dargestellt. Doch mit dem Krieg in der Ukraine veränderte sich die Rolle des Fernsehens noch einmal. Seitdem wurde den Russen in zumeist schrillem Ton ein Zerrbild der Wirklichkeit präsentiert. Es wird zudem die Vorstellung erzeugt, Russland sei von Feinden umringt, sei aber zugleich so bedeutend und stark, dass es alle Angriffe abwehre. Die Propaganda richtet sich dabei meist gegen bestimmte Feinde, die Topposition haben stets die Amerikaner inne. Es scheint so, dass diese Methode außerordentlich erfolgreich ist. Die russische Gesellschaft nimmt die Wirklichkeitsdeutung durch die staatlichen Medien an, die Inszenierungen, so schrill sie auch sein mögen, sind geeignet, die öffentliche Meinung zu manipulieren.

Im Konflikt um die Krim und die Ukraine zeigte sich, wie wichtig Propaganda für die Politik des Kremls ist und wie rücksichtslos sie eingesetzt wird. Die russische Aggression wurde in den Kontext des Zweiten Weltkriegs gestellt, der in Russland, als Großer Vaterländischer Krieg bezeichnet, eine herausgehobene Rolle für die russische Identität spielt und der im allgemeinen Sprachgebrauch als Kampf gegen den Faschismus bezeichnet wird. Nach der Moskauer Propaganda-Lesart hatte auf dem Majdan ein faschistischer Putsch stattgefunden, und eine faschistische Junta war, mit Unterstützung der Vereinigten Staaten und der EU, an die Macht gekommen.

Eine größere Abwertung der Akteure auf dem Majdan und der Regierung in Kiew ist im Kontext des historischen und politischen Bewusstseins der Russen kaum möglich. Putin stellte eine Parallele zwischen dem Einsatz der ukrainischen Armee im Osten des Landes und der Belagerung Leningrads durch die deutsche Wehrmacht im Zweiten Weltkrieg her. Damals waren durch die Blockade mehr als eine Million Bewohner der Stadt umgekommen, die meisten verhungerten. In der Sprache der Moskauer Propaganda verübte die Kiewer Junta einen »Genozid« im Osten ihres Landes, Russland aber griff selbst nicht in die Kämpfe ein. Diese Erzählung wurde durch eine Mixtur aus tatsächlichen Ereignissen, Gerüchten und Lügen täglich weitergesponnen – nicht nur in den Medien für die eigenen Bürger, sondern auch in jenen für das Ausland.

Denn zur hybriden Kriegführung, wie sie Generalstabschef Walerij Gerassimow Anfang 2013 beschrieb, gehören neben dem militärischen Vorgehen auch Offensiven in der Wirtschaft, der Diplomatie und den Medien, der »breit gestreute Einsatz von Desinformationen«. Ein Teil des Kriegs, den Russland derzeit gegen den Westen führt, ist der »Informationskrieg«. Um dabei eine hohe Durchschlagskraft zu erreichen, verstärkte die russische Führung in den vergangenen Jahren die Auslandsmedien massiv. Ende 2013 wurde eine moderne Nachrichtenfabrik geschaffen: Rossija Sewodnja (Russland heute). Sie soll der Welt die Sicht der Dinge aus der Kreml-Perspektive beibringen.

Wichtigstes Instrument dabei ist der Fernsehsender Russia Today, meist RT genannt. Er wurde schon 2005 gegründet, um »das Monopol der angelsächsischen Medien zu brechen«, wie Putin selbst sagte. Neben RT existiert die Medienplattform Sputnik News, zu der ein Radiosender, soziale Medien und Nachrichtenseiten im Internet gehören. An 130 Standorten in 34 Ländern produziert Sputnik Nachrichten in dreißig Sprachen. Chef von

»Russland heute« ist Dmitrij Kisseljow, der wegen seiner antiwestlichen Hetze von der EU mit einem Einreiseverbot belegt wurde. Kisseljow, der sich als Chauvinist und Schwulenhasser zeigt, drohte in einer TV-Sendung im März 2014 damit, die Vereinigten Staaten in »radioaktive Asche zu verwandeln«. Wenn Homosexuelle, so hetzte er in einer Sendung im April 2012, bei einem Autounfall ums Leben kämen, so müsse man ihre Herzen »in der Erde vergraben oder verbrennen«, weil selbst die Organe von Homosexuellen nach deren Tod unbrauchbar für das Leben anderer Menschen seien.

RT betreibt zum einen Desinformation, es bringt, wie auch die russischen Inlandssender, oft Beiträge, die schlicht gefälscht sind. Szenen aus Kriegs- oder Horrorfilmen wurden als tatsächliche Fotos aus dem Krieg verwendet, um die angeblichen Grausamkeiten der Ukrainer zu demonstrieren. Im März 2014 berichtete RT von einem Rabbi in Simferopol, der Hauptstadt der Krim, der die Halbinsel wegen einer Welle des Antisemitismus in der Ukraine verlasse. Tatsächlich hatte der Mann die russische Annexion verurteilt und sie als Grund dafür genannt, dass er fortziehe. Eine der bekanntesten Fälschungen des russischen Fernsehens war die am 12. Juli 2014 gesendete Geschichte eines dreijährigen Jungen, der angeblich in Slawjansk von Ukrainern gekreuzigt worden sei.

Üblich ist es auch, Vermutungen in die Welt zu setzen und Verschwörungstheorien zu verbreiten. Als das Passagierflugzeug MH17 über der Ostukraine abgeschossen wurde, hatte RT eine Menge Versionen bereit: ukrainische Kampfflugzeuge hätten die Maschine abgeschossen, eine ukrainische Rakete habe sie getroffen oder die Passagiere seien schon vor dem Absturz tot gewesen; die wahrscheinlich richtige Version, dass die Separatisten eine Buk-Abwehrrakete auf das Flugzeug abgefeuert hatten, fehlte allerdings. Möglichst viele abstruse Versionen zu verbreiten und so Verwirrung zu stiften ist ein gängiges Vorgehen im russischen »Informationskrieg«. Letztlich geht es darum zu zeigen, dass es eine Wahrheit gar nicht gibt und auch keine objektive Berichterstattung – alle Geschichten, so abenteuerlich sie auch klingen mögen, sind gleich wahr oder gelogen. Man muss nicht recht haben – es reicht schon, dass die Leute glauben, dass auch die Gegenseite lügt. Die sowjetische Propaganda behauptete noch, die Sowjetunion sei besser als die westlichen Staaten und ihnen wirtschaftlich, technisch und moralisch haushoch überlegen – was am Ende der Sowjetzeit wohl nur noch wenige Bürger glaubten. Die Propaganda im Russland unter Putin folgt einem anderen Motto: Der Westen ist genauso schlecht wie wir – und deshalb gibt es keinen Grund, ihm zu glauben.

RT hat im Informationskrieg einiges erreicht. Der Sender konkurriert mit CNN International oder BBC World, er unterhält 20 Büros und hat 2500 Mitarbeiter, wird über 20 Satelliten verbreitet. Nach eigenen Aussagen erreicht er weltweit 700 Millionen Zuschauer – wie viele davon ihn tatsächlich schauen, ist allerdings eine andere Frage. Und auch in den sozialen Medien ist RT gut vertreten. Auf dem Videokanal YouTube hatte RT Ende 2015 fast 1,7 Millionen Abonnenten, knapp 700000 mehr als CNN und fast dreimal so viele wie BBC News. RT stellte viele westliche Journalisten ein, die Art der Präsentation wurde bei westlichen, hauptsächlich amerikanischen Vorbildern gelernt.

Der Sender gibt sich jung, cool und modern und ist technisch versiert. Seit 2013 arbeitet Larry King bei RT, der zuvor ein Vierteljahrhundert bei CNN war.

Mit einem deutschen Sender klappte es bisher allerdings nicht, er existiert nur im Internet und ist wenig erfolgreich, weil es, anders als beim englischsprachigen Pendant, an Professionalität mangelt. In Deutschland konnten die russischen Informationskrieger das allerdings verschmerzen. Zum einen gibt es vier Millionen russischsprachige Menschen in Deutschland, von denen viele zu Hause – zum Teil rund um die Uhr – die Moskauer Staatssender anschauen. Das prägt die Ansichten dieser Bevölkerungsgruppe, von denen manche sich Deutschland weniger verbunden fühlen als der »russischen Welt«. Doch auch den Deutschen ohne Russischkenntnisse konnte der Kreml seine Weltsicht immer wieder ungefiltert kundtun. Während des Ukraine-Krieges wurden »Experten« wie Iwan Rodionow, Chef der russischen Agentur ruptly.tv in Berlin, oder Anna Rose, Journalistin der Regierungszeitung »Rossijskaja gasjeta«, zur besten Sendezeit in die Talkshows des öffentlich-rechtlichen Fernsehens eingeladen. Das Prinzip der Ausgewogenheit führte dazu, dass die Propagandisten des Kremls regelmäßig ein Millionenpublikum hatten, das die russischen Auslandsmedien in Deutschland nie erreichen würden.

Anfang 2016 erlebte dann Deutschland einen direkten Angriff im russischen Informationskrieg. Der Kreml heizte die wegen der Flüchtlingskrise angespannte Stimmung in Deutschland bewusst an. Seit Wochen erweckten die russischen Fernsehsender in den Nachrichten den Eindruck, dass Deutschland durch die große Zahl von Flüchtlingen im Chaos und einem Meer von Kriminalität versinke. Nun berichtete Russlands größter Staatssender, der Erste Kanal, von einer angeblichen Vergewaltigung des 13 Jahre alten Mädchens Lisa F. aus einer russisch-deutschen Familie in Berlin-Marzahn. Das Mädchen sei von drei arabischen Männern entführt, dreißig Stunden festgehalten und immer wieder vergewaltigt worden, bevor man sie auf die »Straße geschmissen« habe. Nichts davon ist wahr. In Wirklichkeit hatte das Mädchen wegen schulischer Probleme und aus Angst vor den Eltern Zuflucht bei einem Bekannten gesucht; vor ihrer Rückkehr nach Hause hatte sie sich dann selbst Verletzungen zugefügt, um eine Vergewaltigung vorzutäuschen. Doch für ein geeignetes propagandistisches Machwerk kam dem russischen Sender jede Fälschung recht. In dem Beitrag berichtete tränenüberströmt eine angebliche Tante des Mädchens von dem Vorfall; es wurden Bilder von vermeintlich deutschen Polizisten eingeblendet, die in Wirklichkeit finnische und schwedische Ordnungshüter waren. Zudem wurde ein Video eines dunkelhäutigen Mannes präsentiert, der sich mit einer Vergewaltigung brüstete. Es war allerdings schon seit 2009 auf YouTube verbreitet worden und hatte mit der ganzen Sache nichts zu tun. Die Falschmeldung von der Vergewaltigung eines Kindes, die von vielen Kreml-Medien in hysterischen Tönen verbreitet wurde, führte allerdings dazu, dass 700 Russlanddeutsche vor dem Kanzleramt in Berlin gegen die Flüchtlingspolitik der Bundesregierung demonstrierten. Der Anmelder der Demonstration, der Russlanddeutsche Heinrich Groth, hatte früher Kontakte zum KGB, war in Deutschland Mitglied der rechtsextremistischen »Deutschen Partei« und leitet heute den »Internationalen Konvent der Russlanddeutschen«, der als von Moskau gesteuert gilt. Entgegen der Angaben der deutschen Polizei sprach er auf der Kundgebung weiter von einer Vergewaltigung. Eine Rednerin behauptete, Angela Merkel habe mehr Menschen umgebracht als Adolf Hitler. Kundgebungen und Demonstrationen zu dem »Fall Lisa« wurden auch von der NPD organisiert. In vielen Städten Deutschlands demonstrierten an einem Wochenende im Januar 2016 mehr als zehntausend Russlanddeutsche gegen die Flüchtlingspolitik der Bundesrepublik. Obwohl die Berliner Polizei schon früh bekannt gegeben hatte, dass weder eine Vergewaltigung noch eine Entführung stattgefunden hatte, mischte sich der russische Außenminister Sergej Lawrow ein, versprach auf einer Pressekonferenz Hilfe für »unsere Lisa« und warf den deutschen Behörden vor, »die Realität zu übermalen« und die angebliche Vergewaltigung vertuschen zu wollen. Die russische Botschaft in London schrieb auf Twitter über dem Bild eines dunkelhäutigen jungen Mannes: »Die deutsche Regierung hat ihr Land unter den Füßen der Migranten wie einen Teppich ausgebreitet, jetzt versucht sie, deren Verbrechen unter den Teppich zu kehren.« Ziel solcher Aktionen war, so ist man sich in der Bundesregierung sicher, Bundeskanzlerin Merkel, die die Sanktionen der EU gegen Russland durchgesetzt hatte, in einer für sie schwierigen Situation noch weiter zu schwächen.

Internet-Trolle für den Kreml

Die offene Propaganda, die RT und Sputnik News verbreiten, ist nur ein Teil des russischen Informationskrieges. In ihm werden neben journalistischen Propagandisten auch verdeckte Einflussagenten eingesetzt. Was russische Journalisten der regierungskritischen Zeitung »Nowaja gasjeta« zunächst für das Internet in ihrem eigenen Land aufdeckten, wurde wenig später auch in Bezug auf das Ausland offenbar. Der Kreml unterhält eine große Zahl sogenannter Internet-Trolle, die verdeckt arbeiten, um die öffentliche Meinung im Sinne der russischen Führung zu beeinflussen. Am bekanntesten ist der Fall einer »Troll-Fabrik« geworden. In einem Bürohaus in Olgino, einem Vorort von St. Petersburg, arbeiteten rund 300 junge Leute für die Auslandspropaganda im Netz; das Unternehmen nannte sich »Agentur zur Analyse des Internets«.

Von morgens bis abends schrieben die Angestellten, meist Studenten mit guten Fremdsprachenkenntnissen, Kommentare auf Foren westlicher Nachrichtenportale und Online-Zeitungen. Sie verfassten Beiträge auch auf Facebook, Twitter und für andere soziale Medien und brachten sich in Internetchats ein. Sie traten dabei als scheinbar private Nutzer auf. Ihre Chefs, unter ihnen alte KGB-Veteranen, gaben ihnen vor, was sie im Sinne des Kremls zu schreiben hatten und welche Schlagworte in ihren Beiträgen auftauchen sollten, um die westliche Meinungsbildung zu manipulieren. Der Einsatz wurde darauf abgestimmt, welches Medium und welche Zielgruppe zu bearbeiten war, wie genau diese anzusprechen war und welche Art von Herangehensweise vermieden werden sollte. Die Angestellten sollten bestimmte Vorgaben erfüllen, etwa mindestens 50 Einträge täglich auf Online-Seiten verfassen oder auf Facebook sechs Accounts betreiben. Den Vorgesetzten wurde regelmäßig berichtet, wie viele Aufgaben sie erledigt hatten. »Insgesamt 305 Tweets abgesetzt«, schrieb eine Angestellte in ihrem Wochenbericht an ihren Vorgesetzten Denis Osadschij am 22. April 2014 laut einer Mail, die neben zahlreichen anderen Dokumenten von anonymen Informanten auf einem russischen Blog veröffentlicht wurde. Die Zensur auf dem Nachrichtendienst Twitter sei minimal, berichtete sie weiter, sodass man auch Inhalte »heftigerer Art« unterbringen könne.[2]

Eine Million Dollar im Monat soll die Troll-Fabrik gekostet haben. Die Mitarbeiter erhielten mehrere hundert Euro im Monat – für russische Studenten ein guter Verdienst. Die junge Russin Ljudmila Sawtschuk machte öffentlich, wie sie als »Troll« in Nachrichtenportalen, Chat-Rooms und Blogs Putins Politik loben »und seine Gegner niedermachen« sollte. Sie schrieb bis zu 100 Kommentare am Tag und erhielt ein Salär von 640 bis 800 Euro im Monat.

Der Erfolg der Trollkampagne war durchschlagend. Webseiten in den Vereinigten Staaten und in Europa wie »Huffington Post« und »Guardian« wurden während der Ukraine-Krise mit einer Fülle von Kommentaren überflutet, die mehrheitlich auf der Linie des Kremls lagen. Auch Internetseiten deutscher Sender und Zeitungen, von ARD über »Zeit« und »Süddeutsche« bis zur »FAZ«, wurden von Trollen heimgesucht. In den Beiträgen wurden immer wieder dieselben Feindbilder – Amerika, der Westen und die EU – beschworen, Berichte über Russlands Vorgehen in der Ostukraine wurden als widerliche Hetze bezeichnet, in Wirklichkeit sei dort eine Nato-Aggression gegen Russland im Gange. In den Leserforen entstand der Eindruck, dass die Befürworter der russischen Politik die Mehrheit in Deutschland stellten. Das stand im Widerspruch zu den Meinungsumfragen, in denen eine Mehrheit von 70 Prozent kein Verständnis für Putin hatte und knapp zwei Drittel den Druck der EU auf Russland für gut befanden. Viele Nachrichtenseiten in Deutschland schalteten daher ihre Kommentarfunktionen ab, weil sie nicht zwischen bezahlten »Trollen« und normalen Nutzern unterscheiden konnten und sich nicht zum Instrument des russischen Informationskriegs machen wollten.

Aus den internen Dokumenten konnte man den Petersburger Gastronomie-Unternehmer Jewgenij Prigoschin als Auftraggeber der Troll-Fabrik ausmachen. Er hatte Putin in den Neunzigerjahren in St. Petersburg kennengelernt, als er ein Kasino führte und Putin für die Kontrolle über das Glücksspiel in der Petersburger Stadtverwaltung tätig war. Prigoschin ist mittlerweile ein Restaurantkönig, er wird auch bei offiziellen Anlässen der russischen Regierung wie Staatsempfängen und Gipfeltreffen mit der kulinarischen Versorgung beauftragt und deshalb als »Putins Koch« bezeichnet. Er soll auch einen Film produziert haben, der Proteste gegen die gefälschte Duma-Wahl 2011 als Werk der Amerikaner darstellt. In die Troll-Fabrik soll Prigoschin selbst einen großen Betrag investiert haben, der Löwenanteil kam aus staatlichen Quellen hinzu. Die Monatsabrechnungen der Troll-Fabrik wurden an Prigoschins Unternehmen Concord geschickt. Das Erstaunlichste, was sich aus den Enthüllungen über die Troll-Fabrik ergab, war allerdings: Die Rechenschaftsberichte über die Arbeit der Petersburger Troll-Fabrik wurden direkt an den stellvertretenden Leiter der Präsidialadministration im Kreml, Wjatscheslaw Wolodin, geschickt. Er gehört als eine Art Chefideologe zum engeren Kreis um Putin, wacht über dessen Termine und ist im Kreml unter anderem für die Kontrolle des Internets zuständig. Seinen Dienst in der Kreml-Administration trat er im Dezember 2011 an, als die Proteste gegen die gefälschte Duma-Wahl die Machthaber im Kreml beschäftigten.

Die Erkenntnisse über die Troll-Fabrik in Petersburg sind nur die Spitze des Eisbergs. Denn die Arbeit mit Leuten, die verdeckt Einfluss nehmen, ist vielfältig. Neben den einfachen Trollen, die immer nur die gleiche plumpe Propaganda betreiben, gibt es Trolle auf vielen weiteren Stufen, bis hin zum Universitätsprofessor, der in wissenschaftlichen Foren gelehrte Kommentare verfasst. Manche Trolle geben sich auch bewusst einen prowestlichen Anschein, um dann in bestimmten Fragen einmal in die andere Richtung zu argumentieren.

Einen Troll-Angriff der plumperen Art erlebte auch Angela Merkel Anfang Juni 2015, wenige Tage vor dem Beginn des G7-Gipfels im bayerischen Elmau. Genauer gesagt ihr neuer Auftritt auf »Instagram«, einem populären Foto- und Videodienst im Internet, der von Facebook betrieben wird. Auf dem Profil sind Fotos der Bundeskanzlerin zu sehen, etwa von ihren Reisen und Treffen mit Staatsführern. Doch gleich nach dem Start herrschte helle Aufregung bei den Mitarbeitern des Bundespresseamts, die Merkels Instagram-Kanal betreuen. Zu jedem Bild können Kommentare abgegeben werden – und die kamen reichlich und wie auf Befehl, und zwar fast ausschließlich auf Russisch. »Zum Start des Kanals gab es innerhalb weniger Stunden einige hundert Kommentare in kyrillischer Schrift«, sagte eine Regierungssprecherin.

Merkels Social-Media-Team war heillos überfordert. Nur wenige Beschäftigte waren des Russischen mächtig, man behalf sich mit einem Übersetzungsdienst im Internet. Die Ergebnisse waren nicht schön. Die meisten Kommentare waren Hasstiraden gegen die »ukrainischen Faschisten« und persönliche Beleidigungen Merkels, die nur ein Büttel der Amerikaner sei. Die Kinder des Donbass gelte es vor dem Faschismus zu retten, hieß es unter anderem. Besonders erregten sich die russischen Kommentatoren über ein Bild von Merkel mit dem ukrainischen Präsidenten Petro Poroschenko. »Zwei Freunde haben sich gefunden. Eine alte Kommunistin und ein neuer Faschist«, kommentierte der Nutzer »drdrccp45«. »Deutschland hat nichts gelernt und treibt es immer noch mit den Faschisten«, schrieb »gambit-Inr«, der sich selbst »Teilnehmer einer terroristischen Organisation in Neurussland« nannte. Daneben gab es Lobpreisungen Russlands und seines Präsidenten. Kaum gestartet, war Merkels neuer Internetauftritt zu einer Plattform der Russland-Propaganda geworden. Deutsche Nutzer fragten sich: »Warum sind alle Kommentare in kyrillischen Zeichen?« Das Bundespresseamt verzichtete schließlich darauf, die russischen Einträge auf ihren Inhalt zu prüfen, sondern erklärte Kommentare in kyrillischer Schrift grundsätzlich für unzulässig. »Im Interesse der Lesbarkeit« würden alle Kommentare in anderen Sprachen als Deutsch – »abgesehen von englischsprachigen Beiträgen« – gelöscht.

Der Sturm auf Merkels Foto-Kanal war kaum ein Zufall. Allein das Entern der Seite durch Hunderte russische Nutzer binnen weniger Stunden spricht dafür, dass hier Internet-Trolle vorgegangen sind. Die Instagram-Konten vieler russischer Kommentatoren bestanden meist aus nichts als einem Benutzernamen. Es handelt sich um Troll-Accounts, die nur angelegt werden, um damit unerkannt Kommentare absondern zu können. Trotz der neuen Regeln wurden immer wieder Beschimpfungen auf Russisch gepostet, die oft erst nach Stunden gelöscht werden. Vorfilter, um solche Kommentare auszusondern, bevor sie auf der Seite erscheinen, besaß das Social-Media-Team der Kanzlerin nicht.

Cyber-Krieg im Bundestag

Mitte Mai 2015 war die Verunsicherung unter den Abgeordneten des Bundestags groß. Irgendjemand war in das Internet des deutschen Parlaments eingedrungen, Funktionen waren lahmgelegt, zeitweise wurde das Netz abgeschaltet. Nur nach und nach sickerte durch, was geschehen war. Der Hauptserver des »Parlakom« genannten Netzes war geknackt worden. Der Angreifer hatte damit Zugang zu allen Daten des Bundestags. Das Netz des deutschen Parlaments stand schutzlos da. Es war, als ob im analogen Leben jemand den Generalschlüssel zu allen Büros hätte und dazu den Schlüssel zu allen Aktenschränken.

Das Bundesamt für Sicherheit in der Informationstechnik (BSI), das die Kommunikation der Bundesregierung und von Bundesbehörden schützt, untersuchte den Vorfall, assistiert vom Bundesamt für Verfassungsschutz. Sie fanden heraus, wie der Angriff vonstattenging. Mehrere Abgeordnete hatten eine E-Mail bekommen mit der Endung »un.org«. Sie gingen davon aus, dass der Absender von den UN, den Vereinten Nationen, stammte. Wer jedoch auf den vermeintlichen Newsletter der UN klickte, machte den Weg frei für Cyber-Spione, die sich immer weiter in das Netz des Bundestags eingruben. Als der Angriff entdeckt wurde, war schon eine große Datenmenge abgeflossen. Und auch danach konnte der Datenabfluss nicht sofort gestoppt werden.[3]

Nach monatelangen Untersuchungen sind sich die Behörden sicher: Der Angriff kam aus Russland. Bei den Angreifern handelt es sich um eine Hackergruppe namens »APT28«, manche westliche Firmen bezeichnen sie auch als »Sofacy«. Die Gruppe ist seit Jahren im Netz aktiv, arbeitet in mehreren Einheiten und greift immer wieder ganz bestimmte Ziele an: europäische Regierungen, die Nato, westliche Rüstungsfirmen, besonders Unternehmen der Luft- und Raumfahrtbranche. Betroffen sind Ziele in osteuropäischen Nato-Staaten, aber auch in Großbritannien, Frankreich, Belgien oder Griechenland. Schon in den Jahren 2009 bis 2011 hatte der deutsche Verfassungsschutz Angriffe dieser Gruppe, die russischen Geheimdiensten zugerechnet wird, auf das deutsche Regierungsnetz beobachtet. Auch das Weiße Haus in Washington wurde attackiert – und 2012 der Vatikan.

APT28 tauchte auch im Zusammenhang mit kriminellen Aktivitäten auf. Russische Geheimdienste arbeiten nach Einschätzung westlicher Sicherheitsbehörden bei

Cyber-Angriffen eng mit Strukturen der organisierten Kriminalität zusammen. Die russischen Dienste verfolgen dabei ein strategisches Ziel: möglichst viele geheime Informationen aus dem Inneren westlicher Regierungen zu erhalten sowie die Rüstungsbranche dieser Länder auszuspionieren. Wenn Russland das deutsche Parlament durch eine Cyber-Attacke angreift, müsste das eigentlich zu einem diplomatischen Zerwürfnis führen – allein, absolut zweifelsfrei lassen sich der konkrete Angreifer und sein Auftraggeber nicht ermitteln. Zudem waren die Beziehungen zwischen Russland und Deutschland zum Zeitpunkt des Angriffs ohnehin angespannt.

Dass russische Hacker immer wieder westliche Regierungsinstitutionen attackieren, ist keine Neuheit. Sie gehen dabei sehr geschickt und professionell vor. Russland ist in der mathematisch-naturwissenschaftlichen Ausbildung der Schüler und Studenten vielen westlichen Staaten überlegen, es bringt sehr gute IT-Spezialisten hervor. Anfang des Jahres 2013 kursierten Nachrichten über eine groß angelegte Cyberspionage-Operation. Die deutschen Verfassungsschützer identifizierten technische Merkmale, die sie aus einer seit dem Jahr 2009 andauernden Angriffswelle auf die Bundesverwaltung kannten. Hauptziel war das Auswärtige Amt, vor allem die Botschaften in Osteuropa. Aber auch andere Berliner Ministerien wurden ausgespäht. Alles deutete darauf hin, dass Russland hinter dem Angriff steckte. Er bekam den Namen »Roter Oktober«. Seither hat die Bedrohung durch russische Cyberspionage in Berlin einen neuen Stellenwert.

Warnungen, dass Russland durch Angriffe im Netz ihm unliebsame Länder empfindlich treffen kann, gibt es schon seit zwei Jahrzehnten. Das erste Mal wurde das offensichtlich in Estland. Am 27. April 2007 wurde die gesamte IT-Infrastruktur des baltischen Landes lahmgelegt: Parlament, Ministerien, Banken, aber auch Rundfunkanstalten und die Webseiten estnischer Zeitungen. Zu dieser Zeit protestierte ein Teil der russischstämmigen Bevölkerung in Estland dagegen, dass das Denkmal eines sowjetischen Rotarmisten und Soldatengräber im Zentrum der estnischen Hauptstadt Tallinn auf einen Militärfriedhof umgesetzt werden sollte. Das Denkmal erinnerte an den Sieg der Sowjetunion im Zweiten Weltkrieg, die Esten verbanden es aber eher mit der sowjetischen Besatzung ihres Landes. Die russische Regierung protestierte gegen die geplante Verlegung des Denkmals.

In der Nacht auf den 27. April 2007 wurde der bronzene Soldat dann von seiner ursprünglichen Stelle in der Mitte Tallinns entfernt, es kam zu Unruhen in der estnischen Hauptstadt, ein Mann wurde getötet. Beteiligt an den Protesten waren auch Aktivisten der Kreml-Jugend »Naschi«, die nach Tallinn gereist waren. Die staatlichen russischen Sender zogen Parallelen zwischen den Vorgängen in Tallinn und dem Zweiten Weltkrieg, die Esten erschienen dabei als Nachfolger der Faschisten. Am nächsten Tag begannen die Hackerangriffe. Die estnische Regierung war überzeugt, dass sie von Moskau koordiniert waren, doch beweisen konnte sie es nicht. Der Angriff war einfach gestrickt – die Hacker ließen einfach eine Datenlawine von einigen zehntausend Computern los, die die angegriffenen Systeme so lange überlasteten, bis sie zusammenbrachen. Es war wohl der erste erfolgreiche Cyber-Krieg. Seine ökonomischen Folgen – zu denen auch der Einbruch beim

Verkauf estnischer Waren in Russland sowie deutlich weniger russische Touristen in Estland gehörten – bezifferte die estnische Regierung später auf 450 Millionen Euro.

Der zweite Cyber-Krieg Russlands folgte nur ein gutes Jahr nach der Attacke in Estland. Im Juli 2008 wurden georgische Webseiten von Viren infiziert, darunter die des Präsidenten, des Parlaments, des Außenministeriums sowie Seiten von Nachrichtenagenturen und Banken. Es war der Vorbote eines Kriegs, den Russland und Georgien wenige Wochen später dann in der Realität führten. Auch Internetseiten in Russland, die Sympathie für Georgien zeigten, wurden zu dieser Zeit lahmgelegt. Estland bot damals Georgien Hilfe an – unter anderem, dass Georgien die nun besser geschützten estnischen Server nutzen sollte, um seine eigenen Seiten wieder zum Laufen zu bringen. Heute sind Angriffe auf das Netz meist raffinierter. Mit ihnen können nicht nur Institutionen ausspioniert werden, sondern es kann auch Sabotage betrieben werden. Das bekannteste Beispiel ist »Stuxnet«, ein Internetwurm, mit dem das iranische Atomprogramm nachhaltig zurückgeworfen und der mutmaßlich von westlichen Geheimdiensten konzipiert wurde. Auch Kraftwerke, die Wasser- oder Stromversorgung und militärische Einrichtungen könnten von Cyber-Attacken betroffen sein. Es ist wohl eher eine Frage der Zeit, bis solche Ziele in einem hybriden Krieg erfolgreich angegriffen werden.

6. Putins Spione

Wie im Kalten Krieg

Sascha und Olga – so könnten sie heißen. Ihre wahren Namen kannte man nicht, obwohl sie 23 Jahre lang in Deutschland lebten. Das Ehepaar führte eine bürgerliche Existenz, er als Ingenieur, beschäftigt bei verschiedenen Automobilzulieferern in Deutschland, sie als Hausfrau und Mutter. Ein Leben mit einer Tochter, einem Einfamilienhaus, drei Autos und regelmäßigen Urlauben. Ihre österreichischen Pässe lauteten auf die Namen Andreas und Heidrun Anschlag. In Wirklichkeit waren Sascha und Olga hauptamtliche russische Agenten. Fast ein Vierteljahrhundert spionierten sie unentdeckt in Deutschland, erhielten Befehle aus Moskau und lieferten Informationen dorthin. Es war der größte bekannte Spionagefall in Deutschland seit dem Fall der Mauer. Das bürgerliche Leben der Familie Anschlag endete an einem Oktobertag des Jahres 2011 im hessischen Marburg und im baden-württembergischen Balingen. Eine Truppe der Antiterroreinheit GSG9 holte Andreas Anschlag gegen drei Uhr morgens aus dem Bett in seiner Zweitwohnung in Balingen, wo er seit einem halben Jahr in einem Technikunternehmen als »Leiter für Sonderprojekte« arbeitete. Gut drei Stunden später stürmten Männer der Spezialeinheit das Wohnhaus des Ehepaars in Marburg und erwischten Heidrun Anschlag genau in dem Moment, in dem sie über einen Kurzwellenempfänger, der mit einem Decoder und einem Laptop verbunden war, Funksprüche aus Moskau empfing. Das hatte sie seit vielen Jahren getan, frühmorgens, ein- bis zweimal die Woche.

Das Ehepaar Anschlag wurde direkt aus der Zentrale des russischen Auslandsgeheimdienstes SWR geführt. Sie waren sogenannte Illegale, hauptamtliche Agenten. Anfang August 2011 hatte das Bundesamt für Verfassungsschutz von der Existenz des Agentenpärchens erfahren. Die Fachleute von der deutschen Spionageabwehr waren elektrisiert – viele hatten nicht geglaubt, dass die Sowjetpraxis der »Illegalen« immer noch existierte.

Andreas Anschlag war im Juni 1988 aus Mexiko nach Deutschland eingereist. Laut seinem gefälschten österreichischen Pass wurde er 1959 in Argentinien geboren, seine fiktiven Eltern stammten aus der Tschechoslowakei. Den Pass hatte Jahre zuvor ein österreichischer Standesbeamter in einem Dorf in der Steiermark ausgestellt, für dreitausend Schilling Bestechungsgeld. Seine spätere Frau kam zwei Jahre später nach Deutschland, unter dem Namen Heidrun Freund, angeblich 1965 im peruanischen Lima geboren. Ihre fiktiven Eltern stammten aus der DDR. Auch ihr Pass war 1984 in einem anderen Ort in der Steiermark von einem Standesbeamten ausgestellt worden. Anfang September 1990 heirateten die beiden im Kurort Altaussee im Salzkammergut.

Andreas Anschlag, Deckname »Pit«, studierte seit Ende 1990 in Aachen Maschinenbau an der Rheinisch-Westfälischen Technischen Hochschule. Ihren »südamerikanischen« Akzent erklärte das Paar Bekannten mit dem Hinweis auf ihre Kindheit in Peru und Argentinien. Nach dem Studium nahm »Pit« einen Job bei einem Autozulieferer an. Wie auch bei späteren Arbeitgebern achtete er darauf, dass er oft ins Ausland reisen konnte, nach Süd- und Nordamerika und in europäische Länder. Nach Feierabend war Andreas Anschlag oft unterwegs. Er nahm an Veranstaltungen politischer Stiftungen teil, die der CDU oder der FDP nahestehen, ging zu Vorträgen der Clausewitz-Gesellschaft und der Gesellschaft für Wehr- und Sicherheitspolitik. Mitgliedsbeiträge rechnete er stets ordentlich mit der Moskauer Zentrale ab. Auf den Veranstaltungen schaute sich Anschlag nach Leuten um, die er dem russischen Auslandsgeheimdienst zur Anwerbung empfehlen konnte: etwa Spitzenbeamte aus dem Verteidigungsministerium und aus dem Militärischen Abschirmdienst. Informationen über sie sendeten die Anschlags per Satellit und Funk nach Moskau.

In der Anfangszeit nutzten sie auch Erdlöcher als tote Briefkästen, die von Geheimdienstleuten der russischen Botschaft in Bonn geleert wurden. Später kommunizierte Heidrun Anschlag mit der Moskauer Zentrale über verschlüsselte Kommentare zu Filmen auf YouTube. Sie nannte sich dabei »Alpenkuh 1«. Etwa zwei Dutzend Mal traf sich Andreas Anschlag mit dem Mitarbeiter des niederländischen Außenministeriums Raymond Poteray, meist in Amsterdam oder Den Haag. Er bekam von dem Mann, der ständig in finanziellen Schwierigkeiten war, geheime Dokumente, etwa über die Raketenabwehr der Nato und über das aktuelle Vorgehen des Bündnisses im Kosovo, in Afghanistan und in Libyen. Dafür erhielt Poteray bis zu 7000 Euro je Lieferung. Als er im März 2012 ein Flugzeug nach Bangkok besteigen wollte, wurde er festgenommen.

Für die deutsch-russischen Beziehungen, besonders zwischen den Nachrichtendiensten, war der Fall ein Tiefschlag. Nicht nur, weil die Russen sich gegen die gängige Praxis sperrten, den Fall durch einen Deal aus der Welt zu schaffen, konkret: das Paar gegen einen Topspion auszutauschen, der 19 Jahre für den Westen gearbeitet hatte. Deshalb wurden Sascha und Olga – gegen die üblichen Gepflogenheiten – von einem deutschen Gericht verurteilt. Mittlerweile sind beide nach einer verbüßten Teilstrafe nach Russland ausgereist, in solchen Fällen ist die vorzeitige Haftentlassung die Regel. Die deutsche Seite ist aber seither überzeugt, dass sich noch mehr illegale Agenten hier aufhalten. Nur mit einer gewissen Dichte an Agenten scheint deren Arbeit sinnvoll. »Wir stellen jetzt fest, dass die Russen noch alle Mittel der Spionage nutzen, die sie zu Zeiten des Kalten Krieges angewendet haben«, sagen deutsche Verfassungsschützer. Warum aber machen die Russen solch aufwendige und teure Aktionen? »Manchmal hat sich der ganze Aufwand für sie schon gelohnt, wenn es gelingt, eine einzige Topquelle zu platzieren«, heißt es im Verfassungsschutz.

Ein Opfer hat das Ehepaar mit Sicherheit auf dem Gewissen: die eigene Tochter, schon in Deutschland geboren. Sie hat nie gewusst, wer ihre Eltern wirklich sind. Sie spricht kein Wort Russisch, obwohl sie Russin ist. Ihre Identität beruht zum großen Teil auf den Lügen, die ihre Eltern in die Welt gesetzt haben. Das Ehepaar Anschlag hat nach seiner Verhaftung darum gebeten, dass seine Tochter ihr Medizinstudium in Deutschland beenden kann. Die Bundesregierung hat das ermöglicht. Die russische Seite hat sich um die Tochter, die ihre Staatsbürgerin ist, nie gekümmert. Sentimentalitäten zählen nicht im kalten Krieg.

Aktive Spione

Die Geschichte des Ehepaars Anschlag ist nur die Spitze eines Eisbergs. Putin tut eine Menge, damit es den Geheimdiensten gut geht und sie nicht mehr zu klagen haben, wie es nach dem Ende der Sowjetunion der Fall war. Die Sorge gilt in erster Linie dem Inlandsdienst FSB, den Putin selbst leitete. Der FSB mit seinen etwa 100 000 Mitarbeitern ist die Struktur, auf die sich Putin im Inland zuallererst stützt und die überall vorhanden ist – er informiert den Präsidenten und die Regierungsapparate über das Wesentliche, was im Land geschieht und was in der Bevölkerung gedacht wird.

Im Geheimdienst herrscht ein stärkerer Korpsgeist als in anderen russischen Institutionen – auch deshalb vertraut ihm Putin mehr als allen anderen. Auch was die Informationen über das Ausland angeht, verlässt sich die russische Führung sehr stark auf die Informationen der Geheimdienste, zu denen – neben einigen anderen – der Auslandsdienst SWR und der militärische Nachrichtendienst GRU gehören. Die Budgets aller Dienste wurden in den vergangenen Jahren deutlich aufgestockt, für ihre Aktivitäten mangelt es nicht an Geld. Die russischen Geheimdienste sind von ihrem professionellen Niveau wohl nicht besser als westliche, aber sie genießen gegenüber jenen eine ganze Reihe von Vorteilen. So erlauben es sich die Russen, Mitarbeiter langfristig aufzubauen, ohne nach dem aktuellen Nutzen oder den Kosten zu fragen. Geht es in westlichen Diensten vor allem darum, den aktuellen Bedarf der Politik an Informationen zu befriedigen, so geht die Arbeit der russischen Dienste weit darüber hinaus. Das Ziel ist schließlich langfristig: die Unterwanderung der westlichen Länder.

Europa ist – neben den Vereinigten Staaten – das wichtigste Zielgebiet der russischen Agenten. Im Schengen-Raum können sie sich frei bewegen. Ein Geheimdienstoffizier kann ohne Probleme in einem europäischen Land leben und Agenten in einem Nachbarland führen, treffen können sie sich in einem dritten. Nicht alle Schengen-Staaten arbeiten eng genug zusammen, um Spionen auf die Schliche zu kommen. In Estland schaffte es der russische Spion Hermann Simm, der vom britischen Militärgeheimdienst ausgebildet worden war, Sicherheitschef im estnischen Verteidigungsministerium zu werden und Details der Nato-Planungen auszuspionieren. Er flog 2008 auf. Estland besitzt, im Unterschied zu anderen EU-Staaten, eine Spionageabwehr, die sich auf russische Spionage eingerichtet hat. Wie viele russische Spione nicht auffliegen, ist naturgemäß unbekannt – man kann nur sagen, dass es die große Mehrheit ist.

Meist sind Enttarnungen nur durch Überläufer möglich. Den Amerikanern gelang 2010 ein großer Erfolg, als der hohe russische Geheimdienstler Alexander Potejew überlief. Das führte dazu, dass im Juni 2010 der größte Spionagering in den Vereinigten Staaten ausgehoben wurde: zehn Agenten flogen auf. Darunter war auch die attraktive rothaarige Anna Chapman. Nach ihrer Rückkehr nach Russland – die Agenten wurden schon nach wenigen Tagen ausgetauscht – wurde sie ein Star, als »Agentin 90-60-90« gefeiert, und bekam eine eigene Fernsehshow. Dass Washington die Spione nur drei Tage nach einem Besuch von Präsident Medwedjew in den Vereinigten Staaten hochgehen ließ, wurde in Moskau als besonders perfide betrachtet. Waren doch Obama und Medwedjew bei ihrem Zusammentreffen demonstrativ zusammen Burger essen gegangen und hatten eine neue Art Freundschaft zelebriert, ohne dass Obama den Spionagefall ansprach.

Russland hat seine Spionageaktivitäten nicht nur in den Vereinigten Staaten und der EU ausgeweitet, sondern auch in Osteuropa und auf dem Balkan. Allein in Serbien sollen 300 Mitarbeiter der russischen Geheimdienste tätig sein. In vielen europäischen Ländern wurde die Gefahr durch russische Spione lange nicht erkannt. In Deutschland gilt der islamistische Terrorismus als die größte Bedrohung – und gerade auf diesem Gebiet kooperiert Deutschland mit Russland, etwa wenn es um tschetschenische Terroristen geht. Vor dem Fall des Ehepaars Anschlag führte die Spionageabwehr im Bundesamt für Verfassungsschutz ein kümmerliches Dasein. Schließlich pflegte die Bundesrepublik offiziell mit Russland eine strategische Partnerschaft. Doch selbst zu Zeiten der angeblich so engen Freundschaft zwischen Bundeskanzler Schröder und Putin hat Moskau seine Spionageaktivitäten nicht heruntergefahren. In jüngster Zeit stellen die deutschen Nachrichtendienste eine Zunahme russischer Spionagetätigkeit fest.

Einer der wichtigen Orte für diese Aktivitäten ist die russische Botschaft in Berlin-Mitte, Unter den Linden

63–65. Ein imposantes Gebäude mit zwei langen Seitenflügeln, einem Paradeeingang und einem Ehrenhof. Der Komplex atmet noch den Geist seiner Entstehungszeit in den Jahren 1949 bis 1951, der Zeit des Spätstalinismus. Sehr viele russische Diplomaten, die in Berlin oder einem der über Deutschland verteilten Konsulate arbeiten, sind mit weit mehr als der Diplomatie beschäftigt. Ein Drittel der insgesamt 120 russischen Diplomaten, so heißt es in deutschen Sicherheitsbehörden, arbeitet für die russischen Nachrichtendienste oder hat enge Verbindungen zu ihnen. Einige wenige tun das ganz offiziell, sind als Vertreter, sogenannte Residenten, der Nachrichtendienste angemeldet, wie es internationalen Gepflogenheiten entspricht. Die meisten Geheimdienstleute sind aber einfach als Diplomaten akkreditiert. Wer also etwa mit einem Kulturattaché oder einem Botschaftssekretär zu tun hat, kann in Wirklichkeit auf einen Mann oder eine Frau aus dem russischen Geheimdienst treffen. Der Diplomatenpass ist nicht die einzige Tarnung für die Agenten. Auch Mitarbeiter russischer Firmen, etwa der Fluggesellschaft Aeroflot oder russischer Nachrichtenagenturen, sind nach Erkenntnissen der deutschen Spionageabwehr für die russischen Dienste tätig und werden von der Botschaft aus geführt. Als »Quellen« dienen den Russen auch Journalisten, es müssen nicht unbedingt russische sein. Auch italienische Medienleute erwiesen sich schon als Mitarbeiter für die Moskauer Dienste.

Viele russische Spione in Deutschland werden allerdings nicht von der Botschaft aus geführt. Reiseagenten agieren unabhängig von der diplomatischen Vertretung, unterstehen direkt der Geheimdienstzentrale des SWR in

Moskau. Solche klassischen Agenten, erfahrene Profis, haben die besondere Aufmerksamkeit Putins. Er interessiert sich persönlich für diesen Königsbereich der Geheimdienste und trifft selbst Entscheidungen. In Deutschland werden Spione, die mit einer aufwendigen Tarnung im illegalen Bereich arbeiten, meist aus den Nachbarstaaten Deutschlands geführt. Besonders beliebt sind die Beneluxstaaten, die skandinavischen Staaten oder Österreich. Es ist üblich, dass ein Land von Agentenführern als »sicherer Hafen« genutzt wird, von dem aus dann Spione im Nachbarland geführt werden. Solche Netze zu enttarnen gilt als schwierige Operation.

Schwaches »Hellfeld«

Russische Spionage zielt in Europa und in Deutschland vor allem auf die Politik. Außen- und Sicherheitspolitik, Europapolitik, Finanz- und Energiepolitik sind die bevorzugt ausgespähten Gebiete. Die deutsche Energiepolitik gehört zu den wichtigsten Bereichen, die das an Rohstoffen so reiche Russland auskundschaften will. Moskau strebt auf diesem Gebiet einen Informationsvorsprung an. Die Frage, wie Deutschland als eine der größten Wirtschaftsmächte der Welt den Verzicht auf Atomkraft kompensiert oder welche Bedeutung die regenerativen Energiequellen bekommen, ist für einen so wichtigen Lieferanten fossiler Brennstoffe wie Russland von großer Bedeutung. Auf dem militärischen Feld interessieren sich die Russen besonders für die Ausrichtung der europäischen Sicherheits- und Verteidigungspolitik und den Kurs der Nato. Die Neugierde auf diesem Gebiet hat durch den Konflikt in der Ostukraine noch einmal zugenommen.

Den russischen Spionen geht es nicht nur um Informationen über militärische Aktivitäten der Bundeswehr und der Nato, sondern auch über Rüstungsgüter – auf diesem Feld gibt es eine lange Erfahrung und große Expertise aus Sowjetzeiten, wie die westliche Rüstungsbranche ausspioniert werden kann. Von besonderem Interesse sind naturgemäß die Rüstungsgüter, deren Ausfuhr nach Russland verboten ist. Gegenwärtig sind das wegen der EU-Sanktionen alle Rüstungsgüter, auch sogenannte Dual-Use-Ware, die neben der zivilen Nutzung auch im Rüstungsbereich verwendet werden kann. Auch die Haltung von Politikern, Parteien und gesellschaftlichen Gruppen zu den Wirtschaftssanktionen der EU interessiert die russische Spionage besonders.

Zielpersonen in der politischen Spionage sind etwa Bundestagsabgeordnete und Ministerien. In der Regel wird versucht, diejenigen Mitarbeiter einer Behörde oder einer Bundestagsfraktion anzusprechen, über deren Schreibtische viele wichtige Dinge laufen. Das ist ungefährlicher, als an die Chefetage heranzugehen, und kann doch sehr einträglich sein. Wie effektiv es sein kann, ein »kleines Licht« anzuwerben, zeigte der Fall des Maulwurfs Markus R. im Bundesnachrichtendienst (BND), der im Juli 2014 festgenommen wurde. Er kopierte als technischer Mitarbeiter eine Vielzahl geheimer Dokumente und gab sie seit 2012 an die CIA weiter, darunter auch die Namen von 3500 ehemaligen oder aktiven BND-Agenten. R. war erst aufgeflogen, als er im Mai 2014 seine Dienste auch der russischen Seite in einer E-Mail anbot, die die deutsche Spionageabwehr abfing.

Das Anwerben von Informanten beschränkt sich allerdings nicht auf den unmittelbaren politischen Bereich wie den Bundestag oder Ministerien. Der russische Dienst kümmert sich auch um politische Gesellschaften und Vereine. Zudem werden gezielt Leute an Universitäten oder Forschungseinrichtungen angesprochen, etwa in den Disziplinen der internationalen Beziehungen oder der russischen und osteuropäischen Geschichte. Der Mitarbeiter erhält dann Einladungen zu Konferenzen oder auch nach Hause, man stellt Kontakte zu einer russischen Stiftung her oder gewährt ihm finanzielle Unterstützung für ein Projekt. »In vielen Fällen ist es reine Naivität, dass sich Leute auf so etwas einlassen«, sagen Verfassungsschützer. Bei denen, die bewusst auf eine Zusammenarbeit eingehen, kommen Motive wie verletzte Eitelkeit, Rachsucht oder das Gefühl der eigenen Wichtigkeit hinzu.

Geheimdienste sind spezialisiert darauf, die Schwächen derjenigen zu erfahren, die sie anwerben wollen. Sie suchen nach Möglichkeiten, die Person unter Druck zu setzen, indem sie die dunklen Seiten ihrer Biografie in Erfahrung bringen und damit drohen, sie aufzudecken – das kann von Spielsucht über Drogen- oder Alkoholabhängigkeit bis zu sexuellen Affären reichen. Hinzu kommt der Faktor Geld. Informanten zu bezahlen ist für die Geheimdienste in jedem Fall wichtig. Denn wer Geld angenommen hat, kommt aus der Verbindung mit dem Dienst nicht mehr ohne Weiteres heraus, ist erpressbar. Wenn die Spionageabwehr mitkriegt, dass ein Informant gewonnen werden soll, dann führt sie in der Regel zunächst ein »Sensibilisierungsgespräch«, indem sie auf diese Gefahr und mögliche persönliche und strafrechtliche Folgen hinweist. Die Leute von der Spionageabwehr des Verfassungsschutzes tun sich schwer, gegen die Aktivitäten der russischen Dienste vorzugehen. »Das Hellfeld ist schwach.« So beschreiben Verfassungsschützer den Umstand, dass sie nur einen kleinen Teil von deren Aktivitäten erkennen.

Der Kalte Krieg mit all seinen Agentenstorys ist heute ein Sujet für Spielfilme und Fernsehserien. Die westlichen Medien und ein Teil der Öffentlichkeit regen sich heute – mit zum Teil guten Gründen – über die Aktivitäten des amerikanischen Abhördienstes NSA auf. Putin hat dieses Thema mit befeuert, indem er dem amerikanischen Whistleblower Edward Snowden, der Dokumente seines Arbeitgebers NSA entwendete, in Russland Asyl gewährte. Die bisher veröffentlichten Dokumente aus Snowdens Schatz, der 1,7 Millionen Dokumente umfassen soll, belasten ausnahmslos die Amerikaner und die europäisch-amerikanischen Beziehungen, enthalten aber nichts über Russland. Was Snowden den Russen übergeben hat – er selbst behauptet: nichts –, ist unklar. Sicher ist: Die Affäre ist schlecht für die Amerikaner und ihre Dienste, und sie belastet ihre Beziehungen zu Verbündeten in Europa, vor allem zu Deutschland. Doch in Deutschland konzentriert sich das öffentliche Interesse auf die Tätigkeit der amerikanischen Geheimdienste. Die Aktivitäten der russischen Dienste in Europa sind im Vergleich dazu allenfalls ein Randthema. Gut für Moskau, aber schlecht für den Westen.

7. Rechts und links: des Kremls extremistische Freunde

Putins autoritäre Internationale

Marine Le Pen, die Führerin des rechtsradikalen Front National in Frankreich, ist eine Bewunderin Wladimir Putins. Die Angliederung der Krim an den russischen Staat bewertete sie als vollkommen rechtens. Neun Monate nach ihrem Lob für die Annexion erhielt der Front National einen Kredit der First Russian Czech Bank in Höhe von neun Millionen Euro. Es soll sich um die erste Tranche eines Gesamtkredits von 40 Millionen gehandelt haben, zu dem auch andere russische Geldgeber beitragen sollten, ließ der Front National wissen. Marine Le Pen gab an, ihre Partei habe eben kein Geld von französischen Banken geliehen bekommen. Mit ihrer Haltung zur Krim-Frage habe das nichts zu tun.

Zur »Wahlbeobachtung« des von Moskau initiierten Referendums, das die Annexion legitimieren sollte, war Le Pens außenpolitischer Berater Aymeric Chauprade auf die Krim gereist. Der heutige Europaabgeordnete des Front National hatte selbstredend nichts zu beanstanden an der »legitimen« Abstimmung. Neben dem Franzosen hatte der Kreml mindestens 50 Parteipolitiker aus Europa zur Beobachtung eingeladen. Sie stammten fast alle aus rechtspopulistischen, nationalistischen und ausländerfeindlichen Parteien. Der Kreml nutzte ausgerechnet diese

Kräfte, als er auf eine angebliche Machtergreifung von »Faschisten« in Kiew reagierte.

Den vermeintlichen Segen Europas für Moskaus Krim-Heimholung erteilte so eine illustre Gemeinde von Parteien des rechten Rands: die ungarische Jobbik, die belgische Vlaams Belang, die italienische Lega Nord und die österreichische FPÖ. Koordiniert hatte die Wahlbeobachtung ein »European Observatory for Democracy and Elections«, das der belgische Rechtsextremist Luc Michel leitet. Auch Deutschland war mit vier Politikern vertreten. Sie gehörten allerdings der Linkspartei an. Es störte sie anscheinend nicht, gemeinsame Sache mit Rechtspopulisten, Ausländerfeinden und Nationalisten zu machen.

Wenn es darum geht, die Europäische Union zu schwächen und Europa zu spalten, hat der Kreml keine Berührungsängste. Er verfährt nach der Regel: Der Feind meines Feindes ist mein Freund. Seit 2009 hat er die Kontakte zu den rechtspopulistischen Parteien in Europa, zu Nationalisten und Rechtsextremisten immer mehr ausgebaut. Von 24 einflussreichen Parteien des rechtsnationalen Spektrums in Europa bekennen sich 15 offen zu Russland und sehen auch eine Allianz mit Russland jenseits der EU als positiv an, sechs weitere sind offen für russische Angebote zur Zusammenarbeit, wie das ungarische Forschungsinstitut Political Capital feststellte.

So ist ein prorussisches Netz von EU-feindlichen Parteien entstanden, das von Moskau mit Geldern, Kontakten und Beratung unterstützt wird. Für die Mehrzahl der europäischen Europafeinde ist Putin der Führer einer autoritären Internationale. Als Gegner der Gleichberechtigung Homosexueller, der westlichen Frauenemanzipation, als Nationalist, als Freund der Kirche und als Obermacho bietet Putin für Rechtspopulisten zahlreiche Möglichkeiten zur Identifikation. Auch wenn es zwischen den Parteien Unterschiede gibt: Die Gegnerschaft zu den USA, zur Nato und zur EU ist das einende Band. Es bindet auch Linksradikale in Moskaus antiwestliches Geflecht ein. Heute existiert eine »Querfront« der Putin-Freunde, in der sich ganz rechts und ganz links zusammenfinden.

Diese extremistische Internationale Europas verfügt über ein breites und finanzkräftiges Netz von Unterstützern aus Russland. Wenige Monate nach der Wahlbeobachtung auf der Krim lud der russische Finanzinvestor Konstantin Malofejew zu einer vertraulichen Konferenz ins Wiener Palais Liechtenstein ein. Malofejew ist nach Auffassung der EU Mitarbeiter des russischen Militärgeheimdienstes GRU und soll die Separatisten in der Ostukraine finanziell unterstützt haben. Er selbst bezeichnet sich als orthodoxen Monarchisten, die Ukraine bezeichnete er als »künstliches Gebilde«. Zwei Anführer der Separatisten im Donbass, Alexander Borodaj und Igor Girkin, der unter dem Namen »Strelkow« dort berühmt wurde, arbeiteten früher für Malofejews Investmentfonds Marshall Capital Partners. Anlass der Wiener Konferenz war der 200. Jahrestag der Gründung der reaktionären »Heiligen Allianz«, des Zusammenschlusses des österreichischen Kaisers, preußischen Königs und russischen Zaren gegen Napoleon. Zu den Gästen gehörten der FPÖ-Vorsitzende Heinz-Christian Strache und der Chef der bulgarischen Rechtspartei Ataka, Wolen Siderow, vom Front National kamen Chauprade und Marion Maréchal le Pen, die Nichte der Parteichefin. Einer der Redner auf dem Treffen war Alexander Dugin, der Ideologe der Eurasischen Bewegung, der im Ukraine-Krieg dazu aufgerufen hatte, möglichst viele Ukrainer zu töten.

Dass die russische Führung, um die EU zu schwächen, auch nicht davor zurückschreckt, den rechtsextremistischen Rand der europäischen Parteienlandschaft zu unterstützen, zeigte sich im März 2015. Damals trafen sich in St. Petersburg 300 Vertreter rechtsextremistischer Parteien aus Europa zum »Internationalen Russischen Konservativen Forum«. Teilnehmer aus Deutschland war Udo Voigt, der langjährige Vorsitzende der NPD und heutige Europaabgeordnete. Auch der Parteichef der radikalen Rechtspartei Goldene Morgenröte aus Griechenland, Nikolaos Michaloliakos, reiste nach Petersburg, Nick Griffin von der British Nationalist Party ebenso wie der »Außenminister« der »Donezker Volksrepublik«.

Petersburger Bürger, die dagegen protestierten, dass ihre Stadt, die im Zweiten Weltkrieg durch die Belagerung der Wehrmacht schrecklich gelitten hatte, solche politischen Kräfte beherbergte, wurden von Polizeikräften rasch vom Tagungsort, dem Hotel Holiday Inn, entfernt. Eine Frau hielt ein Plakat hoch: »Wir brauchen keine ausländischen Nazis in Petersburg, wir haben selbst mehr als genug!«.[1]

Zum Forum eingeladen hatte die Partei Rodina (Heimat). Sie ist nationalistisch und ausländerfeindlich. Der Kreml hatte sie ein Jahrzehnt zuvor gegründet, um den Kommunisten bei Wahlen Stimmen abzujagen. Ihr Mitgründer und erster Vorsitzender war der heutige Vizepremier Dmitrij Rogosin. »Rodina« produzierte 2005 im

Wahlkampf in Moskau einen Werbespot, in dem dazu aufgerufen wurde, die russische Hauptstadt »vom Müll zu reinigen« – er zeigte Menschen mit dunklem Teint, die Melonen aßen und die Schalen auf den Boden warfen. Rogosin musste 2006 auf Druck des Kremls die Parteiführung wegen rassistischer Äußerungen niederlegen. Das bedeutete aber keinen Bruch des Kremls mit ihm.

Nach einer Schampause wurde er 2008 als Nato-Botschafter nach Brüssel entsandt. Für Rodina saß auch Natalja Narotschnizkaja in der Staatsduma. Die nationalistische Politikerin leitet heute die Pariser Filiale des »Instituts für Demokratie und Kooperation« (IDC), das im Auftrag des Kremls Menschenrechtsverstöße des Westens dokumentieren soll. Das Institut finanziert sich angeblich vom Geld »anonymer Spender« und lädt regelmäßig Politiker der rechten und katholischen Parteien Frankreichs zu Konferenzen ein. Narotschnizkaja, ausgebildete Diplomatin, verglich während des Ukraine-Kriegs die Unterstützung Washingtons für die ukrainischen »Faschisten« mit Hitlers Angriff auf die Sowjetunion.

Der Front National auf Kreml-Kurs

Der Front National, der in Frankreich bei den Regionalwahlen Ende 2015 nach der absoluten Zahl der Stimmen stärkste Kraft wurde und gut 28 Prozent erreichte, ist für den Kreml besonders wichtig. Seine Führerin Marine Le Pen ist in den vergangenen Jahren mehrfach nach Russland gereist. Im Juni 2013 wurde sie von Vize-Ministerpräsident Rogosin und dem Duma-Chef Sergej Naryschkin empfangen. Dann reiste sie kurz nach der Krim-Annexion im April 2014 wieder nach Moskau. Ihr dritter Besuch im Mai 2015 fand statt, ohne dass er offiziell angekündigt oder etwas über das Programm mitgeteilt wurde. Das nährte Gerüchte, dass sie Putin selbst getroffen habe.

Der Front National will eine Achse Paris–Berlin–Moskau schmieden. Der amerikanische Einfluss in Europa soll so minimiert werden. Moskaus Krieg in der Ukraine rechtfertigte der Front als notwendig, um die strategischen Interessen einer historischen Einflusszone Russlands zu sichern. Marine Le Pen setzt sich für den Austritt aus der Nato ein, die EU soll aufgelöst und durch eine lose Union der Vaterländer ersetzen werden, zu der Russland gehören soll.

Die Parteichefin teilt auch Putins Ansicht, dass Europa dekadent und moralisch verkommen sei. Putin gilt deshalb als ein Schirmherr im Kampf gegen die Homoehe und die dekadente westliche Gesellschaft. »Das Russland Wladimir Putins stellt heute ein alternatives Modell dar, das auf der Rückbesinnung auf die Werte der Familie und des Patriotismus gründet«, sagt der Europaabgeordnete Aymeric Chauprade, Kopf der rechten prorussischen Lobby in Paris. Marine Le Pen lobte Putin dafür, dass er sich nicht der »internationalen Homosexuellen-Lobby« unterwerfe und feierte ihn als echten Patrioten: »Mit ihm können wir die christliche Zivilisation retten.«[2] Putin gilt als Vorbild im Kampf gegen alles Fremde in der eigenen Kultur, Russland als Alternative zu einem liberalen Europa und einer globalisierten Welt. Der Front National nimmt Russland auch als Beispiel dafür in Anspruch, dass seine Vorstellungen realisierbar sind. Denn in Russland seien sie ja schon Regierungspolitik und zu einem guten Teil verwirklicht.

Der Millionenkredit, den der Front National aus Russland bekam, kann also nicht verwundern. Ein solcher Kredit wird nicht ohne den Segen von ganz oben gewährt. Schon der Gründer des Front National, Jean-Marie Le Pen, hatte zwei Millionen Euro von Vernonsia Holdings, einer Bank auf Zypern, als Kredit erhalten, die dem ehemaligen KGB-Agenten Jurij Kudimow gehörte. Der frühere Chef der Partei und Vater der heutigen Führerin ist ein begeisterter Verehrer Putins. »Ich glaube, Putin handelte praktisch fehlerfrei«, bewertete er die handstreichartige Annexion der Krim. Er hält ein Bündnis mit Russland auch im Kulturkampf für entscheidend, nämlich dafür, »die weiße Welt« zu retten. Jean-Marie Le Pen pflegte Kontakte zu dem nationalistisch eingestellten russischen Maler Ilja Glasunow und dem exzentrischen und vom Kreml gesteuerten Rechtsextremisten Wladimir Schirinowskij.

Auch die ungarische rechtsradikale Partei Jobbik, die bei den letzten Parlamentswahlen 20 Prozent erreichte und drittstärkste Kraft wurde, gehört zu den Bewunderern Putins. Die Partei, zu der Antisemiten und Neonazis zählen, unterstützte 2008 Russlands Krieg gegen Georgien. Sie forderte Ungarns Austritt aus der EU und schlug vor, Ungarn solle sich lieber der Eurasischen Wirtschaftsunion unter Führung Moskaus anschließen. Jobbik tritt auch für die Rückkehr von Gebieten in den ungarischen Staat ein, die jener nach dem Ersten Weltkrieg an Rumänien und die Slowakei verlor. Das Krim-Referendum gilt dabei als Vorbild, wie in Zukunft solche Heimkehr-Aktionen gestaltet werden können. Jobbiks Parteiführer Gábor Vona hielt im Mai 2014 an der Moskauer Staatsuniversität einen Vortrag und traf sich mit Duma-Abgeordneten.

Sympathien für Russland gibt es auch in der britischen Anti-EU-Partei UKIP. Ihr Führer Nigel Farage bezeichnete Putin als den Staatsmann, den er am meisten bewundere, zumindest was dessen politisches Geschick angehe. Auch der Chef der österreichischen Rechtspartei FPÖ Heinz-Christian Strache hält Kontakte nach Moskau, wenn auch noch nicht auf höchster Ebene. Das Wort vom lupenreinen Demokraten Putin, das einst Gerhard Schröder prägte, wandelte Strache um in die Bewertung, Putin sei »mit Sicherheit ein reiner Demokrat, aber mit einem autoritären Stil«. Die bulgarische rechtsextreme Partei Ataka, antisemitisch und xenophob, begann sogar ihre Kampagne für die Europawahl 2014 in Moskau. Sie machte damit klar, was das Ziel des Kremls ist: möglichst viele prorussische Abgeordnete im Europaparlament. Moskau ist dabei schon weit gekommen. Wie Abstimmungen zeigen, votieren mehr als zwanzig Prozent der Abgeordneten im Sinne Russlands.

Streiter für Putin: AfD und Linkspartei

In Deutschland macht sich die Alternative für Deutschland (AfD) für Putin stark. Im Dezember 2015 kritisierte Parteichefin Frauke Petry die »Sturheit« der Bundeskanzlerin, die die Sanktionen gegen Russland nicht aufhebe und daher an den Gewinneinbrüchen der deutschen Landwirte schuld sei. Schuld ist also nicht etwa Russland, das die Grenzen des Nachbarlandes verletzt, ihm einen Teil seines Territoriums entrissen und einen Krieg begonnen hat, sondern die Bundeskanzlerin, die einfach nicht die Sanktionen aufgeben will. Der Vize-Chef der AfD, Alexander Gauland, der sich auf Außenpolitik spezialisiert hat, setzt auf eine deutsch-russische Achse in der Tradition von Otto von Bismarck, ganz im Stile der Politik des 19. Jahrhunderts. Seine Haltung unterstrich er durch einen Besuch in der russischen Botschaft nach der Krim-Annexion. Sie verteidigte der frühere CDU-Mann mit dem Satz, man müsse »irgendwann auch mal das Völkerrecht das Völkerrecht sein lassen und sagen, kommen wir zur Lösung«.[3]

Auf dem Erfurter Parteitag der AfD beschrieb Gauland am 22. März 2014 Putins Krim-Annexion als eine »zaristische Tradition«, als »das Einsammeln russischer Erde«, ein Verhalten, das man Russland deshalb offenbar nachsehen muss. Kiew könne als Keimzelle des Russischen Reiches Moskau nicht egal sein, und auch nicht Sewastopol, »wo zweimal russische Soldaten verblutet sind: 1856 im Krimkrieg und 1942/43 im Kampf gegen die deutschen Eindringlinge«.[4] Gauland verbreitete damit die Sichtweise der »russischen Welt«, einen »völkischen Nationalismus in Reinkultur«, wie der Historiker Heinrich August Winkler bemerkt hat.[5] Sein Wahlprogramm in Brandenburg ließ Gauland neben Deutsch auch auf Russisch drucken. Zwar stehe er fest zu West-Bindung und Nato. Doch die Russen seien eine Rückversicherung für Deutschland, wenn die Amerikaner über die Stränge schlagen sollten. Seine Wähler in Ostdeutschland verbinden die Sympathie für Putin mit der DDR-Nostalgie. Gauland, Landesvorsitzender der Brandenburger AfD, nutzt diese besondere Form der Ostalgie für seinen politischen Erfolg.

Wie sehr die AfD auf Russland-Kurs ist, zeigte sich bereits, nachdem Bernd Lucke, der damalige Parteivorsitzende, im Europaparlament im Juli 2014 zusammen mit drei weiteren AfD-Abgeordneten für eine Verschärfung der Sanktionen gegen Russland wegen der Krim-Annexion und des Kriegs in der Ukraine gestimmt hatte. Der rechte Flügel der AfD, in Ostdeutschland schon damals die dominierende Kraft, heulte auf und forderte den »Speichellecker« und »Verräter« zum Rücktritt auf. Lucke war seitdem in der Partei angeschlagen. Seine Haltung in der Russland-Frage war ein Grund dafür, dass er die Unterstützung in weiten Teilen der Partei verlor und mit seinen Anhängern die AfD verließ.

Ideologische Verbundenheit mit Putin findet sich in Deutschland freilich nicht nur im rechtspopulistischen Lager. Keine andere Partei in Deutschland rechtfertigte Putins Aggression in der Ukraine so entschieden wie die aus der SED hervorgegangene Linkspartei. Politiker der »Linken« hatten sich schon beim Krim-Referendum im März 2014 als Unterstützer der Annexion hervorgetan. Angeführt wurde die deutsche Beobachtergruppe von dem Aktivisten Piotr Luczak aus Berlin-Spandau. Er organisierte über den Verein »Europäisches Zentrum für Geopolitische Analyse«, dessen Vorsitzender er ist, die Reise. Begleitet wurde er von anderen Vereinsmitgliedern: der Spandauerin Monika Merk sowie zwei Landtagsabgeordneten der Linkspartei aus Mecklenburg-Vorpommern,

Torsten Koplin und Hikmat Al-Sabti. Nach dem Besuch von einem Dutzend Wahllokalen in der Stadt Jalta und angrenzenden Orten befanden sie, dass das Referendum internationalen Standards genügte.

Knapp zwei Monate nach dem Referendum, am 8. Mai 2014, sprach Monika Merk am sowjetischen Ehrenmal im Spandauer Ortsteil Staaken zur Befreiung vom Faschismus auch über die Ereignisse in der Ukraine: »Wieder streckt der westliche Imperialismus in seiner Gier nach Profit, Absatzmärkten und Rohstoffen seine Fühler nach Osten aus. Die USA und die EU versuchen sich in einer Revision der Ergebnisse des Zweiten Weltkrieges und versuchen, Russland mithilfe der NATO militärisch einzukreisen. Damals wie heute kommen faschistische Kräfte zum Einsatz wie in der Putschregierung in der Ukraine. Diese Kräfte werden von der Regierungskoalition zwischen Merkel und Steinmeier massiv unterstützt mit dem Ziel, Russland in einen ›failed state‹ wie Libyen, den Irak und Syrien zu verwandeln.«[6]

Wenige Tage später lud der Bezirksverband Spandau der Linkspartei zu einer Veranstaltung ein mit Oskar Lafontaine, dem früheren Parteivorsitzenden. Auf dem Einladungsflugblatt stand: »Frieden gibt es nicht mit Faschisten und Rechtsradikalen und gegen Russland«[7] – dabei hatten gerade die Krim-Reisenden gemeinsame Sache mit Rechtsradikalen gemacht. Sie waren dafür in der Linkspartei zwar intern kritisiert worden. Doch die Reise entsprach durchaus der Linie eines großen Teils der Partei, etwa der heutigen Fraktionsvorsitzenden im Bundestag Sahra Wagenknecht. Sie bezeichnete das Krim-Referendum als akzeptabel. Es sei eine Reaktion auf die Fehlentwicklung in Kiew, wo es nach der Flucht Janukowitschs eine illegitime Regierung gebe.

Abgeordnete wie Sevim Dagdelen aus Nordrhein-Westfalen bezeichneten Faschisten und Neonazis als die treibende Kraft in der neuen Regierung in Kiew und stellten die Ukraine als quasifaschistischen Staat dar. Zwar trifft es zu, dass Politiker der rechtsextremistischen Parteien in der Übergangsregierung in Kiew vertreten waren. Doch die Politiker der Linkspartei relativierten ihre Aussagen auch nicht, als die beiden rechtsextremen Parteien in der Ukraine, »Swoboda« (Freiheit) und »Rechter Sektor«, bei den Parlamentswahlen den Einzug ins Parlament verpassten, weil sie an der Fünfprozenthürde scheiterten. Zwar haben Politiker der Linkspartei wie Gregor Gysi zugegeben, dass die Annexion der Krim ein Bruch des Völkerrechts ist. Doch sie wiesen immer zugleich darauf hin, dass Deutschland nicht das Recht habe, das zu kritisieren, weil ja auch die Regierung Schröder völkerrechtswidrig Jugoslawien angegriffen habe. Abgesehen davon, dass beide Fälle ganz unterschiedlich sind, wäre es nur konsequent, auch den jetzigen Bruch des Völkerrechts zu kritisieren.

Nicht nur am Rand: europäische Eliten auf Putin-Kurs

Putin verlässt sich freilich nicht auf die Parteien am äußersten rechten und linken Rand. Sie sind zwar willkommen, wenn es darum geht, die Einheit der EU zu schwächen und irgendwann zu zerstören. Aber nicht zuletzt nutzen sie ihm, indem sie dafür sorgen, dass die etablierten Parteien ihre eigenen Positionen zugunsten Moskaus verändern. In Ungarn ist das durch Jobbik und in Frankreich durch den Front National schon zum Teil gelungen. Um eine breite russlandfreundliche Basis in einer uneinheitlich positionierten EU zu schaffen, ist es für den Kreml wichtig, in die nationalen Eliten, die etablierten Parteien und deren außenpolitische Zirkel zu wirken – und im besten Fall europäische Staatsmänner auf seine Seite zu bringen. Russland versuchte das seit einiger Zeit zunächst bei einigen kleinen Staaten der EU, die aus ideologischen oder aus wirtschaftlichen Gründen die Nähe zu Moskau suchen und daher die Sanktionen der EU kritisieren.

Als eine Sollbruchstelle in der EU galt vor allem die linke griechische Partei Syriza nach ihrem Wahlsieg Anfang 2015. Syriza hat, ähnlich wie die deutsche Linkspartei, aus ihrer Geschichte heraus ein Herz für Russland – schließlich ging sie aus der spätstalinistischen Kommunistischen Partei Griechenlands hervor. Ihre Politiker haben oft gute persönliche Verbindungen nach Moskau, ihre Europaabgeordneten stimmten gegen das Assoziierungsabkommen der Ukraine mit der EU und gegen die Sanktionen nach der Krim-Annexion. Für viele in der Partei schien nach dem Wahlsieg also Moskau als der natürliche Bündnispartner.

Auch Regierungschef Alexis Tsipras zückte im Ringen mit der EU um Griechenland-Hilfen mehrfach die Moskauer Karte. Als ersten ausländischen Diplomaten nach dem Wahlsieg empfing er den russischen Botschafter in Athen. Die Sanktionen der EU gegen Russland bezeichnete Tsipras als sinnlos und gab sich sicher, dass sie bald aufgehoben würden. Obwohl bisher überzeugter Atheist, griff Tsipras auf die gemeinsame orthodoxe Religion von Griechen und Russen zurück, die Grundlage für die gemeinsame helle Zukunft beider Staaten sein solle. Tsipras teilte auch die russische Sprachwendung, in Kiew seien »Faschisten« an der Macht.

Sein Außenminister Nikos Kotzias, früher Propagandachef der griechischen Kommunisten und heute parteilos, hatte – noch als Politikprofessor – den antiwestlichen Ideologen Alexander Dugin zu Vorträgen eingeladen, den er ebenso wie Putin bewundern soll. Griechenland solle mit anderen orthodoxen und slawischen Ländern einen »Ostpol« in der EU bilden, schlug Dugin damals vor. Russische Politiker kündigten Anfang 2015 an, Moskau könne den Stopp für Agrarimporte aus der EU im Falle Griechenlands aufheben, wenn das Land gezwungen sein sollte, die EU zu verlassen.

Die Befürchtungen waren deshalb in der EU groß, Russland werde Syriza nutzen, um einen Keil in die EU zu treiben. Doch Moskau konnte Tsipras nicht das geben, was die EU Griechenland bietet. Ein Besuch von Tsipras Anfang April 2014 in der russischen Hauptstadt endete ohne konkrete Vereinbarungen – die Befürchtung, Tsipras werde zum Streikbrecher in der EU, erfüllte sich bisher nicht.

Als weiterer unsicherer Kandidat in der EU gilt auf der rechtspopulistischen Seite des politischen Spektrums der ungarische Präsident Viktor Orbán. Der überzeugte Antikommunist setzt auf Nationalismus und Autoritarismus und ließ 2012 Begriffe wie Vaterland, Familie, Treue, Glaube, Christentum und Nationalstolz in die Verfassung des Landes aufnehmen. Orbán kritisierte das »internationale Großkapital« und die »Brüsseler Bürokraten«. Die ungarische Presse hat er weitgehend gleichgeschaltet. Kein Wunder, dass Putin ihm als Vorbild gilt. Die Sanktionen gegen Russland bezeichnete er als »Schuss ins Knie«.

Auch der Präsident Zyperns, Nikos Anastasiadis, gilt als Wackelkandidat, wenn es um Standfestigkeit gegenüber Moskau geht. Russland gewährte Zypern während der Finanzkrise 2011 einen Kredit von 2,5 Milliarden Dollar. Doch ein Versuch der zyprischen Regierung, 2013 einen weiteren Kredit zu bekommen, scheiterte, Moskau ließ die Bittsteller abblitzen. Man beschied sie, sie hätten sich nicht an die Absprachen über Reformen in ihrem eigenen Land gehalten.

Russland hat aber weit wichtigere Eisen im europäischen Feuer. Mit besonderer Sympathie kann Putin im politischen Establishment Italiens rechnen. Das Land gehörte zu den Mitgliedsstaaten der EU, die sich von Anfang an gegen Sanktionen wegen der Krim-Annexion ausgesprochen hatten. Als Putin im Zuge der Sanktionen im Juni 2015 nicht zum Gipfel der G7 (vormals G8) im bayerischen Elmau eingeladen worden war, konnte er wenige Tage später zur Weltausstellung nach Mailand reisen, wo ihm Regierungschef Matteo Renzi einen warmen Empfang bereitete. Die russischen Medien berichteten ausführlich über den Besuch als Zeichen, dass es eine internationale Isolation Russlands nicht gebe – zumal Putin auch noch Papst Franziskus im Vatikan treffen konnte.

Renzi hatte auch Putin im März 2015 in Moskau besucht, kurz nach dem Mord an dem Oppositionspolitiker Boris Nemzow. Zwar stellte sich der italienische Regierungschef letztlich nicht dagegen, die Sanktionen zu verlängern. Doch zu Hause stand Renzi gleich unter zweifachem Druck. Die rechtspopulistische Partei Lega Nord positionierte sich eindeutig zugunsten Putins. Ihr Chef, der Europaabgeordnete Matteo Salvini, trug am Tag des Putin-Besuchs im Juni 2015 ein T-Shirt, das Putin als obersten Befehlshaber zeigt. Er tue das für die »Idioten, die Krieg gegen Russland spielen«, sagte Salvini. Von einem Moskau-Besuch zeigte er sich begeistert. In Moskau gebe es »keine illegalen Einwanderer. Keine Bettler, die Autoscheiben putzten. Kein Roma-Ghetto. Frauen können hier um zwei Uhr morgens die U-Bahn nehmen, ohne Angst zu haben«, schrieb er auf Twitter.[8]

Doch nicht nur die Lega Nord, die sich vom Norden aus in ganz Italien ausbreiten will, stellte sich auf die Seite Putins. Auch Forza Italia, die Partei des ehemaligen Ministerpräsidenten Silvio Berlusconi, wirbt für ein enges Bündnis mit Russland und verurteilte die Sanktionen als »kontraproduktiv und schädlich«. Schließlich ist der ehemalige Ministerpräsident Berlusconi, durch den Gebrauch seiner Medienmacht, Korruptionsskandale und Affären um junge Frauen bekannt geworden, mit Putin persönlich eng befreundet. Beide Politiker besuchen sich auch immer wieder privat. Berlusconi durfte sogar im Kreml übernachten, und Putin ließ bei seinen Italien-Besuchen keine Gelegenheit aus, ihn zu treffen.

Noch wichtiger als Italien könnte Frankreich für Moskau werden. Paris ist durch sein außenpolitisches Gewicht, das sich auf seine Militäreinsätze im Ausland, aber auch seinen Sitz im UN-Sicherheitsrat stützt, ein Premium-Ziel für Moskaus Propaganda. Die Voraussetzungen für einen Erfolg sind in Frankreich besser als in vielen anderen Ländern der EU: Die französische politische Elite ist zum großen Teil auf Russland orientiert. Der Antiamerikanismus ist ausgeprägt, ein Schulterschluss mit Moskau soll dazu dienen, der angloamerikanischen Vormacht Einhalt zu gebieten. Der ehemalige französische Präsident Nicolas Sarkozy, Chef der konservativen Partei »Les Républicains«, kritisierte die Russland-Politik seines Nachfolgers François Hollande scharf und forderte mehrfach die Aufhebung der Sanktionen. »Die Krim hat sich für Russland entschieden, daraus sollten wir ihr keinen Vorwurf machen«, sagte er. Es sei ein schwerer Fehler gewesen, einen »neuen kalten Krieg mit Russland zu beginnen«.[9]

Schuld an diesem Zustand ist nach Sarkozys Ansicht nicht etwa der Kreml, sondern sind die Vereinigten Staaten, die sich eine Trennung Europas und Russlands wünschen. In Sarkozys Partei sind die Putin-Freunde mittlerweile in der Mehrheit. Der Abgeordnete Thierry Mariani, der einen Verein zum französisch-russischen Dialog leitet, zeigte sogar viel Verständnis für Moskaus innenpolitischen Kurs. Die Presse in Russland sei »frei«, sagte er im französischen Parlament: »Man kann schreiben, was man will, auch wenn es im Nachhinein schon Konsequenzen haben kann.«[10] Mariani sorgte auch dafür, dass im April 2015 zahlreiche französische Abgeordnete, vor allem aus seiner Partei, auf die Krim reisten.

Sarkozy und seine Parteifreunde kritisierten Hollande auch dafür, dass er wegen des Kriegs in der Ukraine die Lieferung von zwei Hubschrauberträgern vom Typ Mistral an Moskau gestoppt hatte. Das Geschäft hatte Sarkozy noch in seiner Zeit als Präsident eingefädelt, nun musste sein Nachfolger dafür Kompensationen zahlen. Als Sarkozy im Oktober 2015 nach Moskau fuhr, wurde er von Putin empfangen. Sein Besuch wurde in den Kreml-Medien als Beweis dafür gesehen, dass die Isolierung Russlands durch den Westen nicht existiere und dass die Sanktionen im Westen selbst als ungerechtfertigt betrachtet würden. Sarkozy wurde in Moskau schon wie ein französischer Präsident behandelt – eine Zukunftsvision, die angesichts der Schwäche der französischen Sozialisten nicht unrealistisch erscheint. Betrachtet man das Erstarken rechtspopulistischer und rechtsextremistischer Parteien in Europa und die Sympathien für Putin in der politischen Elite einer Reihe europäischer Staaten, so ist der Kreml seinem Ziel, die EU zu spalten, schon ein erhebliches Stück nähergekommen.

8. Die Russland-Versteher

Die Mythen der Russland-Versteher

Seit dem Einsatz von Michail Gorbatschow für die Wiedervereinigung war die Haltung der Deutschen gegenüber Russland von Wohlwollen geprägt. So beliebt wie in Deutschland war »Gorbi« in keinem anderen Land, in seiner Heimat schon gar nicht. Heute sieht die Mehrheit der Deutschen die Politik Putins kritisch. Allerdings ist eine nicht gerade kleine Minderheit der Bevölkerung wie der politischen Elite der Meinung, dass der Westen Moskau zu seiner heutigen Politik gedrängt habe.

Wortführer dieser Richtung ist der Ostausschuss der deutschen Wirtschaft. Sein langjähriger Vorsitzender Eckhard Cordes, der bis Ende 2015 im Amt war, hat viel um Verständnis für das Vorgehen Putins auf der Krim und in der Ukraine geworben. Die Sanktionen gegen Russland lehnte er ab, weil man damit Russland nicht beeindrucken könne und weil China der lachende Dritte sei. Die Frage, ob die Sanktionen unabhängig von ihrer ökonomischen Reichweite eine angemessene moralische Antwort sein können, stellte Cordes nicht. Mit dem Hinweis »Fehler wurden nach meiner Überzeugung von beiden Seiten gemacht« relativierte er die Verantwortung Moskaus für die Krim-Annexion.

Das Vorgehen sei zwar ein Völkerrechtsbruch, sagte Cordes, schränkte aber ein: »zumindest aus westlicher Sicht«. Ob die Moskauer Wahrnehmung, dass der Westen einen Regimewechsel in Russland wolle, nun richtig oder falsch sei, das sei für ihn »nicht relevant«. Denn es zähle, wie die Russen es sähen: »Perception is reality.«[1] Das hätte die EU beim Eingehen einer östlichen Partnerschaft mit ehemaligen Sowjetrepubliken bedenken sollen. Cordes sprach sich also für eine deutsche Russland-Politik aus, die die Verschwörungstheorien des Kremls zum Maßstab macht und die deshalb die von Russland in Anspruch genommene Einflusssphäre in Europa akzeptiert.

Man könnte diese Haltung abtun als die pflichtgemäße Übung eines Vorsitzenden des Ostausschusses der deutschen Wirtschaft, der sich darum kümmern muss, dass das Russland-Geschäft weiter läuft. Bei allen Risiken, die Russland für Geschäftsleute bietet, können dort immer noch Renditen erzielt werden, von denen die deutsche Wirtschaft in den meisten anderen Ländern nur träumen kann. Die Mythen darüber, dass der Westen eigentlich schuld daran sei, dass Russland heute eine aggressive Außenpolitik betreibt, sind allerdings über die Kreise der Ostwirtschaft hinaus in der deutschen politischen und kulturellen Elite verbreitet. Der Aufruf »Wieder Krieg in Europa? Nicht in unserem Namen«, den 60 Persönlichkeiten aus Politik, Kultur und Wirtschaft im Dezember 2014 unterzeichneten, ist der beste Beleg dafür. Er nennt als Grund für Putins Politik »die für Russland bedrohliche Ausdehnung des Westens nach Osten ohne gleichzeitige Vertiefung der Zusammenarbeit mit Moskau«.

Der Aufruf wirbt im Angesicht von Russlands Aggression in der Ukraine für eine »neue Entspannungspolitik«. Die Autoren stellen die Verhältnisse von Ursache und Wirkung auf den Kopf, wenn sie der Bundesregierung vorwerfen, Russland in Europa zu isolieren, und dabei auch vor dem Verweis auf Hitler nicht haltmachen. »Wir dürfen Russland nicht aus Europa hinausdrängen. Das wäre unhistorisch, unvernünftig und gefährlich für den Frieden. Seit dem Wiener Kongress 1814 gehört Russland zu den anerkannten Gestaltungsmächten Europas. Alle, die versucht haben, das gewaltsam zu ändern, sind blutig gescheitert – zuletzt das größenwahnsinnige Hitler-Deutschland, das 1941 mordend auszog, auch Russland zu unterwerfen.«[2] Zu den Unterzeichnern zählen nicht nur Bundeskanzler a. D. Gerhard Schröder, der frühere SPD-Innenminister Otto Schily und der einstige Vordenker der SPD-Linken Erhard Eppler, sondern auch Unionspolitiker wie der frühere Bundespräsident Roman Herzog, der ehemalige Regierende Bürgermeister von Berlin Eberhard Diepgen und Horst Teltschik, der frühere außenpolitische Berater Helmut Kohls.

Dass die Verpflichtung aus der deutschen Schuld, die aus dem Krieg gegen die Sowjetunion 1941-45 herrührt, nicht allein auf Russland übertragen werden kann, weil die Ukraine und Weißrussland am stärksten unter diesem Krieg gelitten haben, ist im Bewusstsein dieser deutschen Elite (wie wahrscheinlich der Bevölkerung insgesamt) noch nicht angekommen. Denn gerade in den heute zu Weißrussland und zur Ukraine zählenden Gebieten waren die großen Lager für die Kriegsgefangenen der Sowjetunion, von dort kamen die meisten Ostarbeiter, dort fand zum großen Teil die Vernichtung der Juden Osteuropas statt. Die meisten Deutschen verbinden allerdings nur Russland mit der Sowjetunion und deren Geschichte.

Der größte Mythos, den die Russland-Versteher Europas verbreiten, ist: Der Westen habe mit Moskau im Zuge der Verhandlungen zur Wiedervereinigung Deutschlands 1990 vereinbart, dass kein Land des Warschauer Paktes der Nato beitreten dürfe. Der Westen aber hat in diesen Verhandlungen keine bindenden Versprechen gemacht, dass die Nato sich nicht ausdehnen würde. Sie konnten also auch nicht gebrochen werden, wie Putin das behauptet. Der Grund dafür ist ebenso einfach wie einleuchtend: Zum Zeitpunkt der 2+4-Verhandlungen bestand der Warschauer Pakt noch.

Michail Gorbatschow selbst hat bestätigt, dass deswegen auch gar keine Gespräche zu diesem Thema geführt wurden. Gesprochen wurde ausschließlich darüber, ob die um die ehemalige DDR erweiterte Bundesrepublik Mitglied der Nato werden dürfe. Das setzten die Amerikaner mit Hinweis auf die KSZE-Schlussakte durch, die allen Teilnehmerstaaten das Recht zugesteht, »Vertragspartei eines Bündnisses zu sein«. Vereinbart wurde bei den 2+4-Verhandlungen aber, dass auf dem ehemaligen Gebiet der DDR weder ausländische Streitkräfte noch Atomwaffen oder deren Träger stationiert werden dürfen. Über einen späteren möglichen Beitritt der Staaten des Warschauer Pakts zur Nato wurde hingegen kein Wort verloren. Die von Russland als Einkreisung empfundene Osterweiterung der Nato bestand später darin, dass die Reformstaaten des östlichen Mitteleuropas der Nato freiwillig beitraten, weil sie Sicherheit und auch Schutz gegenüber einem Russland suchten, dem sie misstrauen.

Ein anderer Vorwurf der Russland-Versteher lautet, der Westen habe Russland nie integrieren wollen, sondern es konsequent aus seinen Gemeinschaften herausgehalten.

Aber auch dieser Vorwurf läuft ins Leere, insbesondere was Europa und speziell Deutschland betrifft. So wurde aus der G7 im Jahre 1998 eine G8, als Russland trotz seiner wirtschaftlichen Schwächen in den Kreis der führenden Industrienationen aufgenommen wurde. Deutschland hatte sich besonders dafür stark gemacht. Russland ist zudem Mitglied im Europarat, des Europäischen Gerichtshofs für Menschenrechte und der Organisation für Sicherheit und Zusammenarbeit in Europa (OSZE), weil es selbst diesen Organisationen angehören wollte.

Russland betreibt dort heute allerdings Selbstisolation oder sagt sich von deren Grundsätzen los. So hat Putin im Dezember 2015 ein Gesetz unterschrieben, nach dem Urteile internationaler Gerichte in Menschenrechtsfragen für Russland nicht mehr bindend sind – erst muss das Verfassungsgericht entscheiden, ob sie mit der Verfassung Russlands vereinbar sind. Um den Sicherheitsbedenken wegen des Beitritts neuer Mitglieder in die Nato entgegenzukommen, verabschiedete das Transatlantische Bündnis 1997 eine Grundakte mit Russland über die engere Zusammenarbeit, die 2002 zum Nato-Russland-Rat ausgebaut wurde. Berlin und Paris verhinderten mit Rücksicht auf Russland auch, dass der Wunsch des amerikanischen Präsidenten George W. Bush, Georgien und die Ukraine 2008 in die Nato aufzunehmen, erfüllt wurde, auch wenn den Staaten im Zuge eines Kompromisses zugesagt wurde, irgendwann einmal Mitglieder zu werden.

Die EU bot Moskau zudem an, am Programm ihrer östlichen Nachbarschaftspolitik teilzunehmen. Russland lehnte das ab, es wollte schließlich nicht wie Weißrussland, Moldau oder die Ukraine behandelt werden.

Deutschland veranstaltet seit 2001 mit Russland jährlich Regierungskonsultationen und auch den Petersburger Dialog.

Für die Ansicht, dass der Westen, dass Europa Russland ständig gedemütigt und isoliert habe, spricht also wenig, für das Gegenteil viel. Dass im Zuge des Ukraine-Kriegs weiter behauptet wurde, der Westen habe Russland zu seiner heutigen Politik gezwungen, hat Andreas Heinemann-Gründer als Variante des Stockholm-Syndroms beschrieben, das bei Geiselnahmen beobachtet wurde. Aus Angst vor Gewalt solidarisiert sich das Opfer der Gewalttat mit dem Täter gegenüber Dritten, die den Täter bestrafen wollen und ihn dadurch zu weiterer Gewaltanwendung treiben könnten.[3]

Nun spricht es für die Europäer und speziell die Deutschen, wenn sie auch nach ihrem Teil der Verantwortung an einer schwierigen Situation fragen, in der sich der Westen mit Russland befindet. Und es stimmt, dass der Westen die Befindlichkeiten und das postimperiale Trauma Russlands nach dem Ende der Sowjetunion unterschätzt hat. Tatsächlich wäre es aus heutiger Sicht besser gewesen, schon in den neunziger Jahren eine noch stärkere Integration Russlands in die westlichen Wirtschafts- und Sicherheitsstrukturen zu beschließen. Ob Russland sich tatsächlich auf einen Beitrittsprozess zur EU oder zur Nato eingelassen hätte, ist allerdings höchst fraglich.

Die Ängste und Frustrationen der Russen zu verstehen bedeutet aber nicht, die Politik Putins zu entschuldigen oder zu rechtfertigen, wie es die Russland-Versteher in Brüssel, Berlin und anderen europäischen Hauptstädten tun. Allzu lange haben sie von einer »strategischen Partnerschaft« mit Russland geredet, als klar sein musste, dass Russland eine von geopolitischem Kalkül und militärischem Denken geprägte Politik betreibt, die sich im Gegensatz zum Westen definiert. Die entschiedene Haltung, die Bundeskanzlerin Merkel gegenüber Russland nach der Krim-Annexion eingenommen hat, passt auch deshalb vielen Politikern nicht, weil es ihren traditionellen Vorstellungen einer Russland-Politik widerspricht, die von fast grenzenlosem Verständnis und naiven Vorstellungen über das Land geprägt ist. Das gilt nicht zuletzt für die deutsche Sozialdemokratie.

Die SPD und Russland

Am 22. Juni 2005 verlieh der damalige russische Botschafter Wladimir Kotenjow in der russischen Botschaft Unter den Linden den Orden »Peter der Große« Erster Klasse an den Ministerpräsidenten Brandenburgs und damaligen SPD-Vorsitzenden Matthias Platzeck. Grund der Auszeichnung war Platzecks »Beitrag zum Gelingen von vielen Gedenkveranstaltungen aus Anlass des Jahrestages der Befreiung Europas von der Naziherrschaft«. Der Orden kam von der »Akademie für Sicherheit, Verteidigung und Rechtsordnung« in Moskau. Deren Vorsitzender, Generalmajor a. D. Viktor Schewtschenko, ehemals Chef der Gegenspionage der Raketentruppen, war eigens zur Verleihung angereist. Manche, die an der Feierstunde teilnahmen, hatten das Gefühl, sehr viele Altkommunisten seien im Saal. Dass ein ehemaliger DDR-Botschafter geehrt wurde, stieß ebenfalls dem einen oder anderen auf, ebenso wie die Anwesenheit von Markus Wolf, einst Chefspion der DDR. Frühere Ordensträger waren der weißrussische Diktator Alexander Lukaschenko, der russische Ultranationalist Wladimir Schirinowskij und der nordkoreanische Diktator Kim Jong-Il. Kein Wunder: Die Akademie ist eine Veteranen-Organisation der Geheimdienste, auf Geheiß Putins gegründet. Platzeck hat den Orden nicht zurückgegeben, wie auch der Berliner Sozialdemokrat Walter Momper nicht, der ihn ebenfalls erhielt.

Neun Jahre später forderte Platzeck, nun nicht mehr brandenburgischer Ministerpräsident, aber Vorsitzender des Deutsch-Russischen Forums, die Annexion der Krim müsse »nachträglich völkerrechtlich geregelt werden, sodass sie für alle hinnehmbar ist«. Das solle etwa durch ein abermaliges Referendum geschehen. In Radio, Fernsehen und Presse stellte er sich Mitte November 2014 gegen Bundeskanzlerin Merkel, die gerade auf dem G20-Gipfel im australischen Brisbane eine sehr deutliche Rede gegen Putins Vorgehen in der Ukraine gehalten hatte. Merkels harter Kurs sei falsch, das Ansehen der Deutschen in Russland befinde sich im Sturzflug, sagte Platzeck, es sei »schlimmer als im Kalten Krieg«. Über Jahre habe der Westen die Einkreisungsängste der Russen nicht ernst genommen.

Am 9. Mai 2015 hielt Platzeck vor dem russischen Ehrenmal unweit des Brandenburger Tors eine Rede anlässlich des 70. Jahrestags der Befreiung vom Hitler-Faschismus, in der er an die Gräuel des deutschen Vernichtungskriegs im Osten erinnerte. Er verlor allerdings kein Wort darüber, dass Russland gerade einen Krieg im Osten der

Ukraine führte. Das wäre auch nicht gut angekommen bei den Zuhörern, von denen manche mit Fahnen der »Volksrepubliken« von Donezk und Luhansk gekommen waren, andere Mitglieder und Sympathisanten der nationalpatriotischen Pro-Putin-Motorradrocker »Nachtwölfe« waren, zu deren Anführer der russische Präsident ein freundschaftliches Verhältnis pflegt.

Platzeck ist ein besonderer Fall von naiver Russophilie. Seine Nähe zu Russland rührt aus seiner Kindheit. Die russischen Soldaten in seiner Heimatstadt Potsdam mochte er gern, dort waren 30 000 Sowjetrekruten stationiert. Er sei »unter Russen aufgewachsen«, die Soldaten habe er teilweise ins Herz geschlossen. Gern erzählt er von seiner Liebe zur russischen Literatur und Musik, seinem Lieblingsfilm »Roter Holunder« und seiner ihn begeisternden Russischlehrerin.

Aber Platzecks politische Haltung gegenüber Russland ist so außergewöhnlich nicht. Denn er ist Sozialdemokrat. »Die Sozialdemokraten haben aus ihrer Geschichte heraus stets die besseren Einsichten in das Geschehen in Russland gehabt«, sagte Egon Bahr, der verstorbene Architekt der Ostpolitik. Denn die Auseinandersetzung zwischen dem Kommunismus und der Sozialdemokratie sei wie ein Streit unter Familienmitgliedern – besonders heftig also, aber man verstehe den anderen auch besser. Ein anderer Sozialdemokrat, Peter Struck, sagte im Frühjahr 2007 im Bundestag, man müsse »gleiche Nähe haben zwischen uns und Amerika einerseits, uns und Russland andererseits«.

Und Martin Schulz, der als Präsident des Europaparlaments bekannt wurde und damals der sozialdemokratischen Fraktion dieses Parlaments vorsaß, ging noch darüber hinaus: »Deutschland muss alles Interesse daran haben, dass seine Partnerschaft mit Russland derjenigen mit Amerika mindestens gleichwertig ist.« Dafür bedürfe es allerdings in Russland »der vertieften Demokratisierung von Staat und Gesellschaft«. Demokratisch ging es in Russland damals allerdings weder vertieft noch unvertieft zu.

Ist die SPD also eine Partei von Russland-Verstehern? Nach dem Zweiten Weltkrieg war sie klar antikommunistisch geprägt, aber ihr erster Vorsitzender Schumacher verfocht auch einen entschiedenen Antiamerikanismus und Antikapitalismus, der die SPD außenpolitisch in die Bedeutungslosigkeit führte. Erst 1959 schwenkte sie auf Adenauers Westpolitik ein.

Was die Partei noch heute als ihre größte außenpolitische Leistung verbucht, hatte wieder mit Russland zu tun: die Ostpolitik. Egon Bahr lieferte 1963 die theoretische Grundlage. »Wandel durch Annäherung« lautete der Kernsatz. Dass Außenminister Steinmeier 2006 eine »neue Ostpolitik« unter der Formel »Wandel durch Verflechtung« anstoßen wollte, zeigt, wie wirkungsmächtig das Vorbild noch ist. Bahr sah die Bundesrepublik auch deutschlandpolitisch in einer Sackgasse. Bonn müsse sich zunächst mit Moskau arrangieren, um dann mit Ost-Berlin in Verhandlungen weiterzukommen: »Die Zone muss mit der Zustimmung der Sowjets transformiert werden.« Als Willy Brandt zum Kanzler der sozialliberalen Koalition gewählt geworden war, konnte er die Aussöhnung mit den Nachbarn im Osten wahr werden lassen. Egon Bahr schließlich verhandelte von Januar bis Mai 1970 insgesamt 50 Stunden in der russischen Hauptstadt, bis er den Rahmen abgesteckt hatte, der für den Moskauer Vertrag galt und dessen Kernstück die Anerkennung der Oder-Neiße-Linie war.

Die Beziehung mit den Vereinigten Staaten geriet im Zuge der Ostpolitik des Duos Brandt/Bahr in den Hintergrund. In Washington begrüßte man daher den Wechsel von Brandt zu Helmut Schmidt, der als ein ausgesprochener Atlantiker bekannt war. Doch dass die Nähe zu Moskau in der SPD längst stärker, die zu Washington schwächer geworden war, zeigte sich nach der sowjetischen Invasion in Afghanistan 1979. Herbert Wehner sprach von einer »vorübergehenden Maßnahme« Moskaus. Als Schmidt an seinem sicherheitspolitischen Credo festhielt, dem Nato-Doppelbeschluss, wurde er in seiner eigenen Partei zum Fremden. Denn die Ansicht der Friedensbewegung, Deutschland werde zum Vasallen Amerikas, ergriff auch die SPD, ebenso wie die hysterische Angst vor dem vermeintlich nahen Atomtod. Nach Schmidts Rücktritt stimmten im Dezember 1982 fast vierhundert SPD-Delegierte auf dem Bundesparteitag gegen ihn – die Zahl seiner Getreuen betrug 14.

Im Grunde hatten Brandt und Bahr schon während Schmidts Kanzlerschaft eine zweite Ostpolitik begonnen, die in der Opposition nach 1982 fortgeführt wurde. Gespräche mit den kommunistischen Parteien in Mittel- und Osteuropa spielten dabei eine wichtige Rolle, besonders die Verhandlungen in den Arbeitsgruppen von SPD und SED. Die SPD ging davon aus, dass die Sowjetunion nicht zusammenbrechen würde. Der Glaube, am Status quo und an den Einflusssphären in Europa dürfe nicht gerührt werden, hielt bis zur Wende 1989.

Als die Sozialdemokraten 1998 wieder an die Regierung

kamen, war die Reserviertheit gegenüber dem KGB-Mann Putin zunächst groß. Das änderte sich durch die enge persönliche Beziehung, die Männerfreundschaft zwischen Putin und Kanzler Gerhard Schröder, die auch die Familien einschloss. Schröders adoptierten russische Waisenkinder – eine Möglichkeit übrigens, die Putin per Gesetz für Amerikaner Ende 2012 verbieten ließ. Entscheidend für das enge Verhältnis Putins und Schröders war von 2003 an die gemeinsame Ablehnung des Irak-Kriegs. Schröder hat sich durch sein berufliches Engagement für Gazprom, das er kurz nach Ende seiner Kanzlerschaft übernahm, als Russland-Politiker selbst desavouiert, er handelt jetzt auf eigene Rechnung. Das heißt aber nicht, dass die SPD sich von ihrer früheren Russland-Sicht getrennt hat.

Helmut Schmidt zeigte Verständnis für das russische Vorgehen auf der Krim und nannte die Sanktionen des Westens »dummes Zeug«, Egon Bahr schlug vor, die Annexion der Krim zu respektieren. Zwar waren sie keine aktiven Politiker mehr. Aber die SPD-Führung trat ihren Idolen auch nicht entschieden entgegen. Denn noch immer gilt die Entspannungspolitik der SPD als das große Vorbild für die Politik gegenüber Russland. Dass diese Entspannungspolitik nur entstehen konnte, weil sie mit einer Politik der festen Verankerung im Westen und einer Betonung der Verteidigungsbereitschaft verbunden war, haben viele Sozialdemokraten heute vergessen.

Die Ostpolitik konnte zudem nur deshalb funktionieren, weil die Sowjetunion Verträge einhielt. Putin aber machte mit der Annexion der Krim das Gegenteil von dem, was die Sowjetunion unter Leonid Breschnew mit der KSZE-Schlussakte 1975 erreichen wollte, nämlich die

Anerkennung von Grenzen und der bestehenden Staatenordnung. Breschnew stand für den Erhalt des Status quo, Putin hingegen steht für die Revision.[4] Der russische Präsident kennt die Sehnsucht der Sozialdemokraten nach der Entspannungspolitik, und er nutzt dies in seinen Einlassungen. In einem Interview mit der »Bild«-Zeitung Anfang 2016 bemühte er mehrfach Egon Bahr, um die Nato-Osterweiterung als Bedrohung darzustellen und der SPD indirekt vorzuwerfen, von ihrem früheren Kurs abgewichen zu sein.[5]

Russland als Bedrohung und Gefahr zu betrachten ist hingegen die Sache der konservativen Kräfte in der Bundesrepublik gewesen. Gewesen muss man sagen, denn heute gehören auch Unionspolitiker, vor allem in der CSU, zu den Russland-Verstehern. Politiker, die Russland kennen und wirklich verstehen, gibt es in der Union kaum. Nur wenige haben dort erkannt, welche Gefahr von Russland für den Westen und die Europäische Union ausgeht. Die Sozialdemokratie kann einer solchen Sicht auch deswegen schwer zustimmen, weil ihr die CDU schon seit den fünfziger Jahren den Vorwurf machte, eine moskauhörige Partei zu sein. »Alle Wege des Marxismus führen nach Moskau«, lautete das berühmte CDU-Plakat aus dem Bundestagswahlkampf 1953. Das ist lange her, aber es wirkt nach. Den neuen kalten Krieg, den Putin gegen den Westen führt, wollen viele SPD-Politiker deshalb nicht sehen. Die Überzeugung, dass man ein enges Verhältnis zu Russland haben müsse, sitzt tief in den Genen der deutschen Sozialdemokratie. Und der Satz »Ohne Russland geht es nicht« kommt auch heute fast jedem Sozialdemokraten leicht über die Lippen.

Ein imitierter Dialog

Wladimir Putin und Gerhard Schröder hatten ihn 2001 aus der Taufe gehoben – den »Petersburger Dialog«. Er sollte ein Forum zum Austausch der Zivilgesellschaften beider Länder werden. Doch in einem Land, in dem der Staat weiterhin über die Gesellschaft das Sagen hat, wurde aus der Idee genau das, was auch die Institutionen der russischen »Demokratie« sind: eine Imitation. Die wenigen Vertreter einer kritischen russischen Zivilgesellschaft, die zu den Treffen des Petersburger Dialogs überhaupt eingeladen wurden, waren von Anfang an handverlesen und hatten eine Feigenblatt-Funktion – in dem Führungsgremium der Organisation, dem sogenannten Lenkungsausschuss, waren und sind sie überhaupt nicht vertreten. Dennoch hatten zu Beginn russische NGOs die Chance, sich auf dem Petersburger Dialog öffentlich darzustellen, was ihnen einen gewissen Schutz bot.

Doch das ist lange vorbei. Heute wird die Veranstaltung ausschließlich durch Getreue und Vertraute Putins bestimmt. Vorsitzender der russischen Seite ist der farblose Viktor Subkow, der 2007/08 kurzzeitig Ministerpräsident war, weil Putin einen Platzhalter für den Posten brauchte, bevor er ihn selbst übernahm. Heute ist Subkow Aufsichtsratsvorsitzender des staatlich dominierten Energiekonzerns Gazprom. Zum russischen Führungsgremium gehören auch ein stellvertretender Aufsichtsratsvorsitzender von Gazprom, der Vorsitzende der Außenhandelsbank, der Vorsitzende des Verbands der Zuckerproduzenten, der stellvertretende Bauminister, der Generaldirektor von »Gazprom Petersburg«, der Präsident der russischen

Industrie- und Handelskammer, der russische Sportminister, der Vizepräsident der Ölgesellschaft Transneft und der Präsident des Industriellenverbandes – hinzu kommen einzelne Vertreter der russisch-orthodoxen Kirche, altgediente Universitätsfunktionäre und ausgewählte Kulturvertreter wie der Putin-Freund und Stardirigent Walerij Gergijew. So etwa stellt sich der Kreml die Zivilgesellschaft vor.

Aber auch auf deutscher Seite bestimmten Russland-Versteher die Arbeit des Petersburger Dialogs. Es waren vor allem Leute, die Geschäfte in Russland machten oder »den Dialog als eine Fortsetzung der deutsch-sowjetischen Freundschaft mit anderen Mitteln betrachten«, wie Ralf Fücks, Vorstand der Heinrich-Böll-Stiftung, die Zusammensetzung des deutschen Lenkungsausschusses charakterisierte. Im deutschen Führungsgremium saßen Eckhard Cordes, der Vorsitzende des Ostausschusses der deutschen Wirtschaft, und dessen Vorgänger Klaus Mangold. Vorsitzender war der CDU-Politiker Lothar de Maizière, letzter Ministerpräsident der DDR. Er war bekannt dafür, dass er jeder Konfrontation mit der russischen Seite aus dem Weg ging.

Als ganz Deutschland über den Krieg in der Ukraine debattierte, wurde auf dem Treffen des Dialog-Forums am 23. April 2014 in Leipzig der Konflikt nicht einmal angesprochen. Schließlich wollte man die russische Seite nicht verärgern. Ein Dialog fand also in Wirklichkeit gar nicht statt. Obwohl es um die Zivilgesellschaften beider Länder gehen sollte, huldigte auch die deutsche Führung des Petersburger Dialogs dem Credo, in Russland müsse man eben »mit denen reden, die an der Macht sind«. Das aber war gerade nicht das Ziel des Dialogs gewesen. Mehrere deutsche Stiftungen, die Zeit- und die Körber-Stiftung, zogen sich von der Förderung des Dialogs zurück, weil der seinem eigentlichen Zweck nicht gerecht werde.

Die Kritik am Petersburger Dialog wurde indes auch im Kanzleramt zunehmend geteilt. Dort versuchte Merkels außenpolitischer Berater Christoph Heusgen im Frühsommer 2014, den früheren Vorsitzenden des Auswärtigen Ausschusses und CDU-Politiker Ruprecht Polenz als Nachfolger von de Maizière ins Spiel zu bringen. Polenz, der eine kritische Haltung zu Putins Kurs hat, bestand jedoch darauf, dass es zu einem wirklichen Forum der Zivilgesellschaften kommen müsse. Zudem wollte er, dass der Petersburger Dialog organisatorisch vom Deutsch-Russischen Forum getrennt werde, das ebenfalls eine leisetreterische Politik gegenüber Moskau verfolgt und mit dem sich der Petersburger Dialog die Geschäftsführung in Berlin teilt. Doch in der Führung des Petersburger Dialogs lehnte man das ab.

Das Kanzleramt machte sich nun dafür stark, die Treffen des Dialogforums, die bisher parallel zu den nun ausgesetzten deutsch-russischen Regierungskonsultationen stattfanden, wegen der Krim-Annexion und des Kriegs in der Ukraine einstweilen ausfallen zu lassen. Doch Außenminister Steinmeier drang bei Bundeskanzlerin Merkel darauf, ihm in der Sache freie Hand zu lassen. Der russische Außenminister Sergej Lawrow äußerte bei zwei Treffen mit Steinmeier sehr förmlich, dass die russische Seite eine Teilnahme Deutschlands am Treffen des Dialogs Ende Oktober 2014 im russischen Sotschi erwarte – andernfalls sei der Petersburger Dialog für die Russen gestorben. Steinmeier sah den Dialog als einen Gesprächsfaden mit den Russen, den er gerade in schwieriger Zeit nicht kappen wollte.

Die Bundesregierung lenkte deswegen ein und gab dem Druck der russischen Seite nach, selbst wenn in Berlin von »Erpressung« die Rede war. Doch dann sagten fünf deutsche Organisationen aus dem zivilgesellschaftlichen Spektrum, unter ihnen die Heinrich-Böll-Stiftung und die Organisation Greenpeace, ihre Teilnahme ab. In einem Schreiben an Merkel und Steinmeier begründeten sie das nicht nur mit dem Vorgehen Moskaus in der Ukraine, sondern auch mit den innenpolitischen Zuständen in Russland. Dort würden die letzten unabhängigen Medien ausgeschaltet, die politische Opposition kriminalisiert und zivilgesellschaftliche Organisationen als »ausländische Agenten« gebrandmarkt. Der Petersburger Dialog sei auf russischer Seite von Anfang an eine vom Kreml inszenierte und kontrollierte Veranstaltung gewesen. Doch auch die deutsche Führung des Forums wurde kritisiert. Der Dialog werde von Personen dominiert, »die aus politischer und ökonomischer Opportunität dazu neigen, Kritik am Kurs der russischen Führung als Störung der deutsch-russischen Freundschaft zu betrachten«. Kritik an Menschenrechtsverletzungen werde aus den deutschen Reihen als »Kalte-Kriegs-Rhetorik« verteufelt. Kritiker aus der Zivilgesellschaft seien nur eine geduldete Minderheit, die der Veranstaltung »den Anschein von Pluralismus und offener Diskussion« verschaffen sollten. In Reaktion auf diesen Eklat wurde die Teilnahme Deutschlands am Termin in Sotschi abgesagt. Der deutsche SPD-Politiker Gernot Erler, Beauftragter für die zivilgesellschaftlichen Beziehungen zwischen Deutschland und Russland, setzte sich dafür ein, den Dialog wenigstens auf der deutschen Seite zu reformieren.

Lothar de Maizière trat auf Drängen des Kanzleramts vom Vorsitz zurück, sein Nachfolger wurde der ehemalige Kanzleramtschef und heutige Bahnvorstand Ronald Pofalla. Auf der deutschen Seite wurden nun mehr Teilnehmer aufgenommen, die Organisationen außerhalb des wirtschafts- und regierungsnahen Spektrums vertraten, etwa Amnesty International und die Deutsche Gesellschaft für Osteuropakunde. Die Verflechtung mit dem risikoscheuen Deutsch-Russischen Forum, dessen Vorsitzender nun Matthias Platzeck ist, fand allerdings nicht statt. Und wie die deutsche Seite, auf der nun weit mehr Teilnehmer als zuvor kritisch gegenüber Putins autoritärem Kurs eingestellt sind, mit der weiter absolut linientreuen russischen Seite in einen Dialog treten kann, der diesen Namen verdient, das steht in den Sternen.

9. Moskaus Spiel in Syrien

Einsatz erhöht

Sein neues Spiel begann Russland am 1. September 2015. An diesem Tag legte Putin den Schalter um. Er machte jetzt Schluss mit dem Krieg in der Ukraine. Militärisch konnte dort nichts mehr gewonnen werden, ohne dass ein hoher politischer Preis zu bezahlen gewesen wäre. Für die innenpolitische Mobilisierung taugte der Konflikt nicht mehr. Ein neues Spiel musste her. Ein Spiel, das die eigene Bevölkerung beeindruckte, der patriotischen Aufwallung des vergangenen Jahres weitere Nahrung gab. Ein Spiel, das den Hardlinern in seinem Umfeld und den Militärs, die mit dem Verlauf der Operation in der Ukraine unzufrieden waren, eine neue Aufgabe zuwies. Und ein Spiel, das den Westen zwingen würde, auf Russland einzugehen. Im Kreml suchte man schon eine Weile nach diesem neuen Spiel, bereitete es seit Anfang 2015 vor.

Das größte internationale Problem war Syrien. Dort tobte seit vier Jahren ein Bürgerkrieg. Die Vereinigten Staaten, die Türkei, Saudi-Arabien und Iran mischten dort mit. Auch Russland war involviert aufseiten des syrischen Machthabers Assad, lieferte Waffen und entsandte Militärberater, unterhielt eine Marinebasis im syrischen Tartus. Seine Interessen verteidigte Putin in Syrien auch dadurch, dass er UN-Sanktionen gegen das Regime von Baschar al Assad im Sicherheitsrat durch das russische Veto verhinderte.

Nun erhöhte er den Einsatz: Wenn Russland in Syrien militärisch direkt eingreifen würde, dann könnte es einen Einfluss nehmen, der jenem der Amerikaner ebenbürtig wäre, ja ihn sogar übertreffen könnte.

Die Voraussetzungen dafür waren gut. Die Vereinigten Staaten engagierten sich zwar im Kampf gegen die Terrororganisation »Islamischer Staat« im Irak, aber es gelang ihnen nicht, dort entscheidende Erfolge zu erringen. Barack Obama schreckte davor zurück, in Syrien mit Bodentruppen einzugreifen, den Tod amerikanischer Soldaten wollte er auf jeden Fall verhindern. Den Interventionismus seines Vorgängers George W. Bush lehnte er ab. Washington war anscheinend nicht bereit, sich in Syrien stärker zu engagieren.

Als der syrische Diktator Assad Anfang 2013 Chemiewaffen gegen seine eigene Bevölkerung eingesetzt hatte, war für Obama eigentlich eine im Vorjahr definierte rote Linie überschritten gewesen. Doch war er im letzten Moment davor zurückgewichen, unmittelbar in Syrien einzugreifen. Russland hatte damals Washington und den Westen für eine internationale Aktion zur Vernichtung der Chemiewaffen des syrischen Regimes gewonnen. Das hatte als Erfolg Putins gegolten.

Nun spitzte sich die Lage in Syrien immer mehr zu. Dort lebten nur noch zwölf Millionen Syrer, darunter Millionen Binnenflüchtlinge. Die andere Hälfte der einst 25 Millionen zählenden Bevölkerung war vor Krieg und Terror aus dem Land geflohen, in die Nachbarländer Jordanien, Libanon und in die Türkei. Doch nun zogen Hunderttausende weiter nach Westeuropa. Den Flüchtlingsstrom aus Syrien mussten vor allem Deutschland und Schweden bewältigen, wo die meisten Flüchtlinge hinwollten. Europa stand unter Druck und war dringend darauf angewiesen, das syrische Feuer zu löschen. Doch den Europäern fehlte es wie den Amerikanern an Entschlossenheit zu handeln.

Putin sah die Chance und ergriff sie. Mit den Ländern der Region, mit Jordanien, Saudi-Arabien, Katar und dem Irak, suchte der Kreml nun intensiven Kontakt. Mit Teheran war Moskau sich ohnehin einig, wenn es darum ging, Assad zu unterstützen. Anfang September begann Moskau damit, das russische Militär in Syrien aufzurüsten. Der Kreml und das russische Außenministerium gaben zunächst beschwichtigende Mitteilungen ab. Alles verlaufe nur im Rahmen der üblichen Militärhilfe für Damaskus. Doch nach und nach konnten die russischen Politiker nicht mehr verheimlichen, dass es hier um eine groß angelegte Operation ging: den Aufbau einer Luftwaffenbasis in Latakia an der syrischen Küste.

Wieder einmal war der Westen überrascht von Putins Vorgehen. Der russische Präsident betrieb sein Spiel ohne Vorankündigung, ohne Absprache, ohne Mandat. Er allein bestimmte die Regeln. Er fragte nicht die Amerikaner, nicht die Europäer. Das Völkerrecht spielte dabei ebenso wenig eine Rolle, wie es bei der Krim-Annexion und beim Krieg in der Ukraine der Fall gewesen war. Putin spielte George W. Bush – der allerdings hatte seinen Krieg vorher angekündigt.

Zugleich war man in den Regierungen in Berlin, Paris und London abermals unsicher, wie man reagieren sollte. Verhindern ließ sich das russische Vorgehen nicht. Und könnte es nicht sogar nutzen? Vor allem im Kampf gegen den Islamischen Staat, der die Welt seit über einem Jahr mit seinen militärischen Eroberungen, grausamen Hinrichtungen und der barbarischen Zerstörung von Monumenten der Menschheitsgeschichte in Atem hielt, brauchte Europa Hilfe. Und auch eine Friedenslösung in Syrien war, so schwierig sie auch sein würde, nicht ohne Moskau zu machen.

Die russische Führung setzte genau darauf. Sie wollte heraus aus der Isolation, in die sie sich selbst durch die Krim-Annexion und den Krieg in der Ukraine gebracht hatte. Aber nicht etwa durch Nachgeben und Zugeständnisse, die in ihren Augen als Zeichen der Schwäche gesehen worden wären, sondern durch ein Handeln, zu dem der Westen nicht Nein sagen konnte und das gleichzeitig den Interessen Russlands diente. Putin brachte deshalb schon vor dem Beginn des Syrien-Einsatzes selbst das Wort von einer internationalen Antiterrorallianz in Umlauf. Zwar hatte Putin den Kampf gegen den »internationalen Terrorismus« seit Beginn seiner Präsidentschaft gepredigt, als er rücksichtslos den zweiten Krieg in Tschetschenien geführt und damit seinen politischen Aufstieg begründet hatte. Den Islamischen Staat aber sah Moskau eher als Problem des Westens.

Zwar setzte Russland den IS Ende 2014 auf die Liste verbotener Organisationen, doch betrachtete der Kreml den Kampf gegen die IS-Terroristen nicht als vorrangig. Noch im April 2015 sagte Putin bei seiner jährlichen großen Pressekonferenz, der IS sei keine Gefahr für Russland. Gründe, diese Haltung zu verändern, gab es allerdings. So erklärte der IS auch Putin und Russland zum Feind. In Syrien und im Nordirak kämpften in den Reihen des IS eine große Zahl Islamisten aus dem russischen Nordkaukasus: Tschetschenen, Dagestaner und andere. Der Geheimdienst FSB bezifferte sie auf 2400. Hinzu kamen Tausende Kämpfer aus den an Russland angrenzenden zentralasiatischen Staaten. Russland betrachtete den Exodus dieser Kämpfer nach Syrien und in den Nordirak aber lange als willkommene Auslagerung des eigenen Terrorismusproblems, unter dem es viele Jahre im Nordkaukasus, aber auch in Moskau, Petersburg und anderen Städten Russlands durch verheerende Anschläge und Geiselnahmen gelitten hatte. Wenn die Kämpfer des »Kaukasischen Emirats«, wie sich die terroristische Organisation im Nordkaukasus nennt, nun in Syrien und im Nordirak durch amerikanische Bomben umkamen oder im Kampf mit kurdischen Bodentruppen, dann wäre das für Russland besser, als wenn diese Terroristen in ihrer Heimat zuschlagen würden. So das Kalkül des Kremls bis zum Syrien-Einsatz.

Die Zerschlagung des Islamischen Staats war auch gar nicht das Motiv Putins, in Syrien militärisch einzugreifen. Der unmittelbare Grund war ein ganz anderer: In Moskau stiegen die Befürchtungen, dass der syrische Diktator Baschar al Assad sich nicht mehr würde halten können. Das Regime hielt zwar weiter die Hauptstadt Damaskus, die Stadt Homs und die Küstenregion um Latakia, weite Teile von Aleppo und Gebiete im Süden. Das machte wegen der großen Wüstengebiete nur noch ein Fünftel von Syrien aus, aber es war das entscheidende Gebiet des Landes, in dem die meisten Menschen wohnen. Allerdings war Assads Armee in Auflösung begriffen, er stützte sich immer mehr auf die kampferprobte und von Iran unterstützte libanesische Hizbullah sowie auf Dutzende regimetreuer Milizen.

Nicht mehr als drei, vier Monate könne Assad durchhalten, dann werde Damaskus fallen, die Gegner Assads würden dort ein islamisches Kalifat errichten, so die Analyse im Kreml. Das sollte auf jeden Fall verhindert werden. Denn Assad sicherte den russischen Einfluss in der Region. Er durfte nicht zu Fall gebracht werden, schon gar nicht durch die vom Ausland unterstützten Rebellen. Es wäre wieder ein Regimewechsel gewesen, an dem Moskau nicht beteiligt worden wäre, eine abermalige »farbige Revolution«. Wieder hätte ein in den Augen Moskaus legitimer Herrscher seine Macht verloren. Dass Assad selbst sein Volk grausam geknechtet hatte, bis es revoltierte, dass er friedliche Demonstrationen zusammenschießen ließ, sein Volk mit Fassbomben und Chemiewaffen tötete und ganze Stadtviertel dem Boden gleichmachen ließ, dass er 130 000 Menschenleben auf dem Gewissen hat – das alles spielte für Moskau keine Rolle.

Putin ging in Syrien generalstabsmäßig vor. Westliche Militärs zeigten sich davon beeindruckt, mit welcher Präzision und Geschwindigkeit Moskau seine Operationsbasis aufbaute.

Ein diplomatischer Termin spielte dabei eine wichtige Rolle. Am 28. September sprach Putin zum ersten Mal seit zehn Jahren wieder vor der Vollversammlung der Vereinten Nationen in New York. Putin warb für ein internationales Antiterrorbündnis »ähnlich der Anti-Hitler-Koalition«, das gegen jene vorgehe, die »ähnlich wie die Nazis« Hass und Gewalt verbreiteten. Putin traf sich in New York auch mit Barack Obama. Auf dieses Treffen hatte er hingearbeitet. Mit Amerika auf Augenhöhe zu reden – das ist ihm ungemein wichtig.

Obama musste dem Treffen notgedrungen zustimmen. Angesichts der militärischen Präsenz Russlands in Syrien hätte eine Weigerung, sich mit Putin zu treffen, als unverantwortlich gegolten. Schließlich führt Amerika in der Region selbst Krieg, ist die entscheidende Kraft einer Koalition gegen den Islamischen Staat, die mit Luftschlägen versucht, die Terrororganisation zu schwächen und deren am Boden kämpfende Gegner zu unterstützen. Allein aus dem Grund, nicht mit den Russen zufällig militärisch in einen Konflikt zu geraten, war der amerikanische Präsident gezwungen, sich mit dem russischen zu treffen. Man einigte sich auf eine Zusammenarbeit der Militärs, um eine Kollision der Kräfte zu verhindern, doch weiter wollte Obama nicht gehen. Putin trotzte ihm zumindest das ab.

Ein zweiter Anlauf

Wie im Kreml geplant, begann die russische Luftwaffe am 30. September 2015 ihre Bombardements. Syrien wurde jetzt auch zum innenpolitischen Thema Nummer eins. Im russischen Fernsehen dominierte es alle Nachrichtensendungen. Sogar das Flugwetter über Syrien wurde zum Topthema. In einer Art Serie wurde den Russen allabendlich vorgeführt, wie genau die russischen Flugzeuge die Terroristen treffen und wie Assads Armee gegen jene vorrückt. Zunächst waren die Russen skeptisch gegenüber dem neuen Krieg. Viele erinnerten sich daran, welche

Opfer die Einmischung der Sowjetunion in Afghanistan gefordert hatte, als etwa 15 000 Soldaten getötet wurden und eine große Zahl verwundet und traumatisiert heimkehrte. Entsprechend fielen die Umfragen zu Beginn der Syrien-Operation aus. Nur 15 Prozent der Russen waren der Meinung, dass ihr Land in Syrien einen Krieg führen sollte.

Doch die Kreml-Propaganda wirkte. Im Laufe von zwei Wochen, in denen die Fernsehnachrichten kaum ein anderes Thema kannten, gelang es, die Stimmung zu drehen. Danach waren mehr als 70 Prozent der Russen für die Intervention in Syrien. Die Mehrheit glaubte, dass Russland dort effektive Luftschläge ausführe, nur den IS angreife und dass es keine Opfer unter der syrischen Zivilbevölkerung gebe. Der Einsatz wurde im Fernsehen inszeniert als ein sauberer Luftkrieg im amerikanischen Stil, in dem die Russen töten, aber nicht getötet werden, sie keine Opfer zu fürchten und zu beklagen haben.

Schon der Beginn der Intervention folgte diesem Szenario. Von Kriegsschiffen aus dem Kaspischen Meer ließ Putin mit Marschflugkörpern den ersten Schlag führen. Militärisch war das unsinnig, mit Flugzeugen wären die Ziele genauer und kostengünstiger getroffen worden. Doch es ging dem Kreml darum zu zeigen, dass Russland von überall auf der Welt zuschlagen kann – genauso wie Amerika, dessen geplanten Raketenschirm, so die weitere Botschaft, die Russen überwinden könnten. Im Dezember 2015 ließ Putin solche Schläge wiederholen, diesmal wurden die Raketen abgeschossen von einem U-Boot im Mittelmeer. Der Syrien-Krieg ist auch eine Demonstration der neuen militärischen Stärke Russlands, eine Verkaufsshow für russische Waffen und ein Übungsgelände für die russischen Militärs.

Befürchtungen des Westens, dass es Putin nicht um den Kampf gegen den IS gehe, bewahrheiteten sich. Nicht umsonst sprach Putin von Anfang an nicht von einer Allianz gegen den IS, sondern einer breiten Antiterrorallianz. Terroristen waren für ihn alle, die gegen den rechtmäßigen Machthaber Assad kämpfen – von ihnen sollte die syrische Armee mit russischer Unterstützung möglichst viele vernichten. Putins Botschaft war auch: Moskau akzeptiert keine gesellschaftlichen Bewegungen gegen autoritäre Regime, sondern betrachtet sie als Terrorismus. Zwar flogen die russischen Flugzeuge in Syrien auch einige Angriffe auf IS-Stellungen. Das Gros der Bombardements galt aber anderen Rebellengruppen, auch den gemäßigteren, etwa der »Freien Syrischen Armee« (FSA). Deren Stellungen, die sich nördlich von Latakia befanden, ließen sich leicht bombardieren. So konnte die russische Luftwaffe schnell Erfolge erzielen und die unmittelbare Bedrohung für das Assad-Regime abwenden. Washington und Paris waren darüber verstimmt. Denn Putins Flugzeuge trafen auch die Rebellen, die von den Vereinigten Staaten unterstützt werden. Die Amerikaner weigerten sich Mitte Oktober, eine russische Militärdelegation unter Leitung von Ministerpräsident Dmitrij Medwedjew in Washington zu empfangen. Obama blieb hart: Putin habe einen »anderen Plan«, als den IS zu bekämpfen, sein Vorgehen in Syrien sei zum Scheitern verurteilt.

Schon bald zeigte sich, dass die Lage in Syrien für Russland schwieriger war als zunächst gedacht – auch wenn Russland die Zahl der Luftangriffe auf bis zu 100 am Tag erhöhte und die Zahl der in Syrien eingesetzten Soldaten auf rund 2000. Putin hatte aber in Syrien, anders als in der Ukraine, keine hohe Zahl eigener Soldaten am Boden zur Verfügung. Auch waren die Luftschläge bei Weitem nicht so präzise, wie in der Propaganda behauptet, weil die Mehrzahl der eingesetzten Flugzeuge keine modernen Bombenabwurfanlagen hatten, die Bomben ins Ziel steuern, sondern frei fallende Bomben einsetzten. Durch die russischen Bombardements kamen Hunderte Zivilisten ums Leben, weil immer wieder Wohngebiete, Krankenhäuser und Moscheen getroffen wurden, wie Amnesty International, Human Rights Watch und andere Organisationen feststellten.

Die Bombardements brachten der syrischen Armee zwar Entlastung, entscheidende Geländegewinne konnte die Restarmee Assads allerdings zunächst nicht machen. Das lag auch daran, dass die gemäßigteren Rebellengruppen Panzerabwehrraketen aus amerikanischer Produktion einsetzten, die ihnen nun in großer Zahl aus den Golfstaaten geliefert wurden. Durch den Einsatz von Spezialkräften am Boden, der aber offiziell nicht zugegeben wurde, versuchte der Kreml das auszugleichen. Russische Soldaten einer Eliteeinheit des Militärgeheimdienstes GRU kamen in Kämpfen ums Leben, sie stammten aus Rostow am Don. Russische Aktivisten werteten Fotos und Nachrichten aus sozialen Netzwerken aus, konnten so die Anwesenheit russischer Soldaten in Homs, Aleppo und Hama nachweisen.[1]

Putins geplanter sauberer Krieg geriet schon bald in eine erste Krise. Am 31. Oktober 2015 stürzte ein Passagierflugzeug über dem Sinai ab. Alle 224 Insassen, vor allem Urlauber aus St. Petersburg, kamen ums Leben. Schon bald verdichteten sich die Hinweise, dass es sich um einen Terroranschlag handelte. Der IS bekannte sich zu der Tat. Russland strich alle Verbindungen nach Ägypten, brachte zehntausend russische Urlauber in eigenen Flugzeugen und getrennt von ihrem Gepäck nach Hause. Doch der Kreml wollte die bittere Wahrheit, dass es sich um den größten Terrorakt gegen Russland seit zehn Jahren handelte, seiner eigenen Bevölkerung nicht zumuten. Während westliche Geheimdienste schon von einem Terroranschlag des Islamischen Staats ausgingen, beharrte Moskau darauf, dass es dafür keine Beweise gebe. Andernfalls hätte der Kreml das Bild von einem Krieg ohne Verluste revidieren müssen. Der Anschlag über dem Sinai bedeutete nämlich: Kaum hatte Russland begonnen, sich in Syrien militärisch einzumischen, musste es dafür einen schrecklich hohen Blutzoll entrichten.

Dann schlugen am 13. November in Paris Terroristen des Islamischen Staats zu, ermordeten wahllos 130 Menschen, viele davon während eines Konzerts in einem Musiktheater, andere in und vor Restaurants in der Innenstadt. Mehrere Terroristen sprengten sich in der Nähe des Fußballstadions Stade de France in die Luft, wo gerade Frankreich gegen Deutschland spielte.

Frankreich, ja Europa war schockiert von diesem Anschlag. Der französische Präsident sprach von einem Krieg gegen sein Land. Putin rief noch in der Nacht des 13. November François Hollande an, sprach sein Beileid aus und bot seine Unterstützung an. So hatte er es schon am 11. September 2001 nach den Anschlägen in Amerika getan. Damals war das der Beginn einer Allianz zwischen

Moskau und Washington, die anderthalb Jahre anhielt – bis George W. Bush den Irak-Krieg begann. Putin sah nach den Anschlägen von Paris eine Möglichkeit, die Terrorkoalition, auf die die Amerikaner nicht eingehen wollten, doch noch hinzubekommen. Paris hoffte jetzt auf Solidarität vieler Länder. Deutschland stellte sechs Tornado-Aufklärungsflugzeuge und eine Fregatte zur Verfügung. Frankreich, das in seiner politischen Elite weit weniger Vorbehalte gegenüber Moskau hat als andere Länder, war bereit, Russland in die große Koalition gegen den Terror einzuschließen. Erst jetzt, zwei Wochen nach dem Absturz des eigenen Flugzeugs, gab der Kreml zu, was er längst wusste: dass auch der Tod der 224 russischen Bürger über dem Sinai die Folge eines Terroranschlags war. Putin ließ den FSB-Chef verkünden, dass es sich »eindeutig« um einen Terrorakt gehandelt habe. Eine selbst gebaute Bombe sei explodiert, sie habe das Flugzeug in der Luft zerrissen. Für die Ergreifung der Täter setzte der Geheimdienst 50 Millionen Dollar aus. Putin versprach, die Verbrecher »an jedem Ort des Planeten« zu finden und zu bestrafen.

Putins »Antiterrorallianz«

Putin setzte nun darauf, dass der Westen ihn als Partner im Antiterrorkampf akzeptieren müsse, dass es zu einer Vereinbarung mit den Vereinigten Staaten und anderen Ländern auf Augenhöhe kommen werde. Seiner Marine im Mittelmeer befahl er vor laufenden Kameras, die Franzosen, die mit ihrem Flugzeugträger unterwegs seien, wie »Verbündete« zu behandeln. Das Fernsehen zeigte eine russische Bombe, auf der der Schriftzug »Für Paris« zu lesen war. Die Streitkräfte und Geheimdienste beider Länder würden bei den Einsätzen gegen den IS in Zukunft zusammenarbeiten, meldete der Kreml. Durch unmittelbar folgende Angriffe auf die Hochburg des IS in Raqqa wollte Moskau unter Beweis stellen, dass es den Kampf gegen die Terrororganisation tatsächlich führe. Vier Tage nach den Anschlägen von Paris setzte Moskau auch Langstreckenbomber in Syrien ein, allein 25 beim ersten Einsatz.

In Wien redeten Mitte November die am Syrien-Konflikt beteiligten Mächte zum ersten Mal seit langer Zeit an einem Tisch miteinander, vereinbarten einen ersten Fahrplan für einen politischen Übergangsprozess, Russland spielte eine wichtige Rolle. Auch die Amerikaner zeigten sich nicht mehr so ablehnend wie zuvor. Doch ein weiterer Zwischenfall erschütterte Putins Vorgehen. Am 24. November 2015 schoss die türkische Luftwaffe an der Grenze zu Syrien einen russischen SU-24-Bomber ab, nachdem dieser den türkischen Luftraum angeblich für 17 Sekunden verletzt hatte. Die Russen bestritten das, die Türken sagten, die russischen Piloten seien mehrfach gewarnt worden. Von den beiden Piloten, die sich aus dem Flugzeug herauskatapultieren konnten, wurde einer von Rebellen in Syrien erschossen, der andere konnte gerettet werden, doch bei der Such- und Rettungsaktion wurde ein weiterer russischer Soldat getötet.

Der Abschuss des russischen Bombers war der erste militärische Zwischenfall zwischen Russland und der

Nato seit 1985, also seit dem Ende des Kalten Kriegs. Dass der türkische Präsident Erdoğan sich zunächst an das Nato-Hauptquartier wandte, anstatt mit dem russischen Präsidenten zu telefonieren, erboste Putin besonders. Er fühlte sich von Erdoğan persönlich hintergangen. Die Nato betrachtete die türkische Reaktion als überzogen. Dennoch hätte das Bündnis Gründe gehabt, den Zwischenfall auch mit Russland sehr ernsthaft zu besprechen. Denn Moskau hatte in den vergangenen Jahren Dutzende Male den Luftraum von Nato-Ländern verletzt, in den Wochen zuvor zweimal den der Türkei. Ankara hatte zuletzt gewarnt, man werde sich das nicht länger bieten lassen. Doch weder die Nato noch Moskau hatten Interesse daran, den Abschuss als eine weitere Zuspitzung ihrer Beziehungen zu betrachten. Die Transatlantische Allianz tat vielmehr alles, um beschwichtigend auf Ankara einzuwirken. Und Moskau sparte sich die üblichen scharfen Angriffe gegen das Bündnis, um die geplante Antiterrorallianz nicht infrage zu stellen. Zwar wies Putin geradezu pflichtgemäß darauf hin, dass hinter dem Handeln Ankaras andere Mächte stecken könnten. Doch gemessen an der Rhetorik der vorangegangenen Zeit, blieb der Kreml gegenüber Washington zurückhaltend.

Umso härter traf die Wut Moskaus die Türkei, mit der man gerade noch enge Handelsbeziehungen gepflegt und weitreichende Pläne für gemeinsame Gasgeschäfte entworfen hatte. Als heimtückischer Stoß in den Rücken wurde der Abschuss gewertet, die Türkei als »Komplize der Terroristen« gebrandmarkt. Der Vorfall war tatsächlich mehr als nur ein militärischer Zusammenstoß wegen einer geringen Luftraumverletzung. Dass Putin mit seinem Eingreifen Assads Regime in Damaskus rettete, hatte Erdoğan, einen der schärfsten Widersacher des syrischen Diktators, verdrossen und das scheinbar gute Verhältnis der beiden Potentaten in Moskau und Ankara zerstört. Die Türkei unterstützte zudem einige Oppositionskräfte, die gegen Assad kämpfen. Dass Putin diese seit Wochen bombardierte, hatte Erdoğans Wut über das russische Vorgehen noch gesteigert. Denn die Türkei sieht sich auch als Schutzmacht der sunnitischen Araber in Syrien. Als besonderen Affront wertete Ankara, dass Putin die Milizen der syrischen Turkmenen bombardieren ließ, die seit 2012 gegen Assad kämpfen und die Erdoğan als seine ethnischen Brüder betrachtet. Dass man den »Seinen« zu Hilfe kommen muss, auch wenn sie in einem anderen Staat leben, ist eigentlich ein Denkmuster, das Erdoğan und Putin – siehe Krim und Ukraine – verbindet. Putin erklärte nun die Türkei zum neuen Feind Nummer eins und versprach Vergeltung. Gesprächsangebote Erdoğans lehnte er ab. Die Türkei wurde mit harschen Wirtschaftssanktionen überzogen, die russischen Reisebüros mussten ihre Türkeiangebote aufgeben, selbst der Transfer türkischer Fußballspieler nach Russland wurde untersagt. Putins Beleidigungen der Führung in Ankara, der Allah »Verstand und Vernunft geraubt« habe, untermalten, dass er Verhandlungen mit Erdoğan ablehnt.

Die Abstimmung mit den Amerikanern in Syrien, was die Lufteinsätze angeht, blieb von der Auseinandersetzung zwischen Moskau und Ankara unberührt. Für seine Lufteinsätze nutzt Washington eine Kommandoeinheit in Bagdad; die russische Planungsgruppe, zu der auch Iraner und Syrer gehören, hat ihren Standort in derselben Straße in Bagdad gleich gegenüber den Amerikanern. Zwar wurden die Verhandlungen über eine Friedensregelung in Syrien durch das Zerwürfnis zwischen Russland und der Türkei nicht leichter, doch abgebrochen wurden sie nicht. Der amerikanische Außenminister John Kerry besuchte mehrmals Moskau, auch Obama und Putin sprachen bei mehreren Gelegenheiten miteinander.

Die größte Streitfrage blieb, welche Rolle Assad in Zukunft zukommen soll. Die russische Führung gab vor, dass sie sich eine Zukunft Syriens auch ohne den Diktator vorstellen könne, wenn Russlands Interessen in Syrien gewahrt blieben. Zu Assad hegt Putin, anders als zu früheren Regierungschefs wie Gerhard Schröder oder Silvio Berlusconi, zwar keine persönliche Freundschaft. In Putins Umgebung sind allerdings manche der Überzeugung, dass man Assad nicht aufgeben dürfe – das wäre ein falsches Signal an die Herrscher in Zentralasien und anderen autoritär regierten Ländern, mit denen Russland enge Beziehungen unterhält. Auch Putin hielt an Assad fest. Er konnte auf Verständnis hoffen: Die Auffassung, dass man die staatlichen Strukturen in Syrien auf jeden Fall erhalten sollte und deswegen mit Assad reden müsse, wurde angesichts des Libyen-Debakels zunehmend im Westen geteilt.

Mit seinem militärischen Eingreifen im Nahen Osten erreichte Putin, dass die Eiszeit, die nach der Ukraine-Krise ausgebrochen war, in ein Tauwetter umschlug. Der Einsatz diente Putin auch dazu, das Thema Ukraine und die Krim-Problematik in den Hintergrund zu drängen und damit die Eroberungen abzusichern. Das ist ihm gelungen. Die Suche nach einer Lösung für Syrien wird auch im Westen von den Russland-Verstehern als Argument dafür genutzt, dass man wieder normale Kontakte mit Moskau aufbauen und den Ukraine-Konflikt hinter sich lassen solle.

Putin weiß, dass seine Popularität auf seinen Erfolgen in der internationalen Politik beruht, gerade in Zeiten der Wirtschaftskrise. Und für ihn, der wie sein Land von Minderwertigkeitskomplexen geplagt wird, ist es entscheidend, mit am Tisch der Mächtigen der Welt zu sitzen. Durch seinen Militäreinsatz in Syrien steht Russland wieder als Kraft in der internationalen Politik da, an der die Vereinigten Staaten und auch Europa nicht vorbeikommen. Die Syrien-Frage und der Kampf gegen den IS machen Russland zu einem Spieler, auf den der Westen kaum verzichten kann – auch mit Blick auf die Flüchtlingskrise in Europa, die in den Kreml-Medien mit kaum verhohlener Schadenfreude kommentiert wird. Putin erarbeitete sich eine Position, die ihn vom Ausgestoßenen zum Schlüsselspieler gemacht hat.

Durch die schweren russischen Bombardements wie Anfang 2016 in Aleppo zwingt Putin weitere Zehntausende syrische Männer, Frauen und Kinder zur Flucht. Sie suchen Sicherheit in der Türkei oder streben nach Europa. Es ist ein Nebeneffekt von Putins brutalem und zynischem Vorgehen in Syrien, der ihm – so der deutsche Außenpolitiker Norbert Röttgen – »sicher nicht unwillkommen ist«.

10. Hilfloser Westen?

Putins Fehlkalkulationen

Putins Offensiven auf der Krim, in der Ukraine und in Syrien haben den Westen auch deswegen überrascht, weil er lange daran glauben wollte, dass Russland irgendwann doch den Weg zu Rechtsstaat und Demokratie gehen werde. Anzeichen dafür gab es schon nach Putins Amtsantritt 2000 kaum, aber der idealistische Überschwang der neunziger Jahre wirkte nach. Man verstand es im Westen meisterhaft, Russland schönzureden. In Berlin, Brüssel und Washington konnte so die Rhetorik der angeblich engen strategischen Partnerschaft gepflegt werden. Sie entsprach im Falle Deutschlands der kungelnden Männerfreundschaft zwischen Schröder und Putin.

Das Festhalten des Westens an dieser schwülstig beschworenen Pseudopartnerschaft führte dazu, dass die machtpolitische Entschlossenheit Putins verkannt wurde – bis 2014. Russland schlug nun ganz offensichtlich in der Außenpolitik eine Gangart ein, der westliche Politiker mit ihren Reden von Gewaltverzicht, Menschenrechten und Demokratie nichts mehr entgegenzusetzen hatten.

Ist der Westen also der aggressiven Politik Putins hilflos ausgeliefert? Ist der russische Führer der geniale Oberstratege, gegen dessen eiskalte Machtpolitik der Westen keine Handhabe findet? Putin ist, wie oft bemerkt, auch ein Pokerspieler, der es versteht, mit einem schlechten Blatt zu bluffen und dabei viel zu riskieren. Dabei konnte er häufig verdecken, dass er sich in seinen Annahmen und Kalkulationen irrte. So war sich Putin ziemlich sicher, in der Krim-Frage den Westen spalten zu können. In seinem Kalkül, dass sich die Vereinigten Staaten unter Barack Obama militärisch zurückhalten würden, behielt er zwar recht. Zugleich war er überzeugt, dass er mit den Europäern leichtes Spiel habe werde. Dass die 28 EU-Staaten, in ihrer Haltung zu Russland höchst unterschiedlich positioniert, sich auf ernsthafte Sanktionen gegen Moskau einigen könnten, das lag jenseits seiner Vorstellung von Europa, das er als schwach und zerstritten ansieht.

Die EU hat aber ihre Einheit wichtiger genommen als das Verhältnis einzelner Staaten zu Moskau. Das geschah unter der Führung Berlins, das besonders von Großbritannien, Polen sowie den baltischen und den nordeuropäischen Ländern unterstützt wurde. Putin hatte damit gerechnet, dass es allenfalls ein paar kurzfristige, symbolische Sanktionen gegen Russland geben würde, etwa die Aufkündigung des für Juni 2014 geplanten G8-Gipfels in Sotschi. Schon bald aber würde alles vergessen sein. So war es nach dem Krieg gegen Georgien 2008 gewesen. Dass der Westen diesen Krieg nicht als Zeichen der machtpolitischen und militärischen Entschlossenheit Moskaus verstand und auf eine entschiedene Gegenreaktion verzichtete, führte auch dazu, dass der Kreml fünf Jahre später vor der Krim-Annexion nicht zurückschreckte.

Es kann nach dieser Erfahrung nicht verwundern, dass Putin den Europäern Prinzipienfestigkeit nicht zutraute. Am meisten vertat er sich mit den Deutschen. Putin war sich sicher, dass er im Krim/Ukraine-Komplex die Bundesregierung auf seine Seite bekommen würde. Deutschland kennt er mit Abstand am besten von allen EU-Ländern. Er spricht die Sprache, hat in der DDR gelebt, seine Töchter auf die deutsche Schule in Moskau geschickt, pflegt vielfältige Beziehungen zu Deutschland.

Möglicherweise hat Putin das Verhalten der Bundesregierung im Fall des Libyen-Kriegs, als Deutschland im UN-Sicherheitsrat nicht mit Amerika, Frankreich und Großbritannien stimmte, sondern sich mit Russland und China der Stimme enthielt, in der Auffassung bestärkt, Berlin würde sich nicht gegen Moskau stellen. Schließlich machte sich die Bundesrepublik mehr als zwanzig Jahre für enge politische, wirtschaftliche und kulturelle Beziehungen mit Russland stark. Nun aber setzte sich die deutsche Bundeskanzlerin an die Spitze der Sanktionsbefürworter und sorgte dafür, dass sie in der EU zustande kamen, verschärft und verlängert wurden. Moskau verlor zugleich seinen wichtigsten Fürsprecher in der EU, nämlich Berlin. Dass hinter den deutschen Entscheidungen der Wille stand, Willkür in der internationalen Politik zu vermeiden, hat Putin nicht gesehen.

Der russische Präsident appellierte sogar an ein besonderes Verständnis der Deutschen für die »Heimholung« der Krim. Müssten denn nicht gerade die Deutschen verstehen, wie wichtig eine Wiedervereinigung sein kann? Putin führte diese Analogie mehrfach ins Feld, unter anderem als er am 18. März 2014 im Kreml seine Rede zur Rückkehr der Krim in Russlands Schoß hielt. Russland habe das Streben der Deutschen nach Wiedervereinigung unterstützt. Er sei sich sicher, dass die Deutschen das nicht vergessen haben, und hoffe, »dass die Bürger Deutschlands ebenso das Streben der russischen Welt, des historischen Russlands nach Wiederherstellung der Einheit unterstützen«.[1]

Hatte Putin die Deutschen also völlig falsch eingeschätzt? »Wenn wir etwas sehr gut kennen oder meinen, es sehr gut zu kennen, dann laufen wir besonders Gefahr, uns zu irren«, sagt der Moskauer Politologe Dmitrij Trenin dazu. Putins Deutschland-Bild wurde geprägt von Gerhard Schröder, den führenden Mitgliedern des Ostausschusses der deutschen Wirtschaft und russlandfreundlichen Politikberatern wie Alexander Rahr. Nach der Krim-Annexion musste Putin feststellen, dass Deutschland anders ist, dass selbst der Chef des Bundes der Industrie (BDI), Ulrich Grillo, die Sanktionspolitik gegenüber Russland guthieß.

Gerade die Deutschen lernten nach dem Zweiten Weltkrieg mühsam, die Nachkriegsgrenzen in Europa zu akzeptieren. Ihre Anerkennung war ein entscheidender Teil der Ostpolitik. Die Deutschen verstanden auch, dass der Rechtsstaat ein hohes Gut ist, auch wenn er im Einzelfall nicht für Gerechtigkeit sorgen kann. In Russland ist dieses Verständnis unterentwickelt. Die Mehrheit der Russen fand es gerecht, dass die Krim, die aus ihrer Sicht ungerechtfertigt von Russland getrennt worden war, wieder zu ihrem Staat gehören sollte. Dass internationale Verträge dagegenstanden, das war zweitrangig. Gerechtigkeit steht als Wert im russischen Denken weit über dem formalen Recht und der Gesetzlichkeit.

Nicht zuletzt hat Putin Angela Merkel unterschätzt. Die Bundeskanzlerin hat ein besonderes Verhältnis zu Russland. Als DDR-Schülerin brillierte sie im Fach Russisch, reiste zur Russisch-Olympiade nach Moskau und unterhielt sich in ihrem Heimatort Templin gern mit den

Sowjetsoldaten. Diese Erlebnisse führten allerdings nicht zu einer romantisierenden oder unkritischen Haltung zu Russland. Merkel sind Schwärmereien über die russische Seele fremd. Bei ihr mischt sich die Nähe zu Russland mit Skepsis und Distanz zur dort praktizierten Herrschaft. Während Gerhard Schröder eine persönliche Männerfreundschaft mit Putin pflegte, legte Merkel von Anfang an Wert auf Sachlichkeit in den Beziehungen. Ihre Erfahrung mit dem Wirken von Geheimdiensten – ihr Elternhaus wurde von der Stasi überwacht, weil ihr Vater evangelischer Pfarrer war – trug bei zur Skepsis gegenüber dem ehemaligen KGB-Mann Putin. Merkel sah auch die innere Entwicklung Russlands kritisch. Sie bat schon viele Jahre vor der Krim-Krise russische Menschenrechtsaktivisten und Vertreter der Zivilgesellschaft zu einem Abend in ihrer Privatwohnung, um sich deren Sicht auf die Verhältnisse in Putins Reich anzuhören.

Merkel suchte dennoch den Dialog mit Putin, gerade in der Krise. Kein anderer westlicher Politiker sprach in den vergangenen zwei Jahren so oft mit dem russischen Präsidenten wie sie. Barack Obama hat den Umgang mit der Ukraine-Krise fast vollständig der deutschen Kanzlerin überlassen. Obamas Satz vom März 2014, Russland sei nicht mehr als »eine Regionalmacht«, war ungeschickt, wenn man es für richtig hält, auf die Befindlichkeiten der Russen zu achten. Aber er brachte die derzeitige Haltung Amerikas klar zum Ausdruck. Russland ist für die Vereinigten Staaten nur noch ein Thema unter vielen. Für Europa ist es das nicht. Mit einem Dreiklang aus Entschlossenheit, dem Verzicht auf militärische Gegengewalt und ständiger Dialogbereitschaft wurde die Kanzlerin so zur wichtigsten Gegenspielerin Putins. Ihr Krisenmanagement war angesichts der widrigen Umstände erfolgreich, weil sie die EU in der Konfrontation mit Moskau zusammenhielt. Ein Konzept zum Umgang mit Russland entwickelte sie dabei nicht – doch Konzepte waren noch nie Merkels Stärke.

Wie weiter mit der Ukraine?

Putin eroberte die Krim handstreichartig und ohne Verlust. Im Osten der Ukraine machte er klar, dass er das Geschehen in einem Nachbarstaat dominieren kann. Dennoch erreichte er nicht alle Ziele dort. Er träumte von einer Ukraine, die sich an Moskau orientieren würde. Sie sollte ein Teil eines von Moskau geführten Staatenbunds werden, einer Eurasischen Union, deren Vorstufe die Eurasische Wirtschaftsunion ist, die Russland im Mai 2014 mit Kasachstan und Weißrussland gründete. Doch Putin überschätzte die prorussische Stimmung in der Ukraine. Moskau kann seine ursprünglichen Ziele auf absehbare Zeit nicht erreichen. Letztlich hat der Kreml die Kontrolle über fünf Prozent des ukrainischen Territoriums. Gemessen an seinen Maximalzielen hat Putin also eine Niederlage erlitten.

Der Preis eines russischen Sieges mit einer moskauhörigen Regierung in Kiew, so Dmitrij Trenin, wäre allerdings höher gewesen als der Preis der heutigen Niederlage. Ein Bürgerkrieg in der Westukraine wäre eine mögliche Folge gewesen, eine teure Alimentation der Ukraine hätte Moskau wirtschaftlich überfordert. Doch Putin hat erreicht, dass die Ukraine instabil bleibt. Sie muss sich als Staat reformieren, was für sich genommen schon eine Herkulesaufgabe ist. Sie muss einen nicht erklärten Kriegszustand beenden und nach den Vereinbarungen von Minsk eine föderale Ordnung einführen, was innenpolitisch schwer durchsetzbar erscheint. Für eine ruhige und gedeihliche Entwicklung müsste sie ihre Beziehungen mit Russland in Ordnung bringen, wogegen zehntausend Tote des Krieges und Hunderttausende Flüchtlinge stehen. Nicht zuletzt verhindert auch die Frage der Krim eine Verständigung mit Russland, denn keine Kiewer Regierung kann sich offiziell damit abfinden, dass die Krim annektiert worden ist.

Moskau wird sich seinerseits nicht aus der Ostukraine zurückziehen. Putin wird die »Volksrepubliken« Donezk und Luhansk zumindest weiterhin so stützen, dass sie überleben können. Es geht auch darum, seine Verbündeten vor der ukrainischen Justiz zu bewahren. Der Kreml wird das Eskalationspotenzial in der Ostukraine hochhalten. In den Separatistengebieten gibt es heute funktionierende militärische Strukturen, die jenen der ukrainischen Armee überlegen sind. Wenn nötig, kann Putin einen neuen militärischen Konflikt dort entfachen. Die ukrainische Führung verfolgt innenpolitisch einen nationalpatriotischen Kurs, der sie zu unüberlegten Aktionen zur Rückgewinnung der verlorenen Gebiete verleiten könnte. Sie würde damit Putin in die Falle laufen.

Der Kreml belässt es einstweilen bei ökonomischen Nadelstichen gegen Kiew, wartet darauf, dass die Ukraine in eine wirtschaftliche und politische Krise gerät. Diese Gefahr ist nicht gebannt. Die Regierung in Kiew ist wenig stabil, das Problem des Einflusses der Oligarchen ist nicht gelöst, auch das der Korruption nicht. Russland ist ein Meister darin, von eingefrorenen Konflikten zu profitieren. Dennoch erscheint heute die Perspektive, den Konflikt in der Ostukraine einzufrieren, als die beste aller möglichen. Dieser Gefrierzustand müsste so ausgestaltet werden, dass militärische Auseinandersetzungen nicht mehr stattfinden und ein Austausch zwischen der Ukraine und den Separatistengebieten möglich wäre. Der Westen sollte die ukrainische Regierung von militärischen Abenteuern abhalten und zugleich auf einen sozial ausgewogenen Reformprozess dringen, vor allem darauf, die Oligarchenherrschaft tatsächlich zu beenden. Die Eliten in der Ukraine sind korrupt, das politische System ineffizient. Nur wenn das sich ändert, wird die Ukraine mehr sein als eine Art antirussisches Russland. »Ukrainische Verhältnisse« gilt heute als Schimpfwort in Russland, zugleich als eine Drohung, was passieren würde, wenn der Kreml seinen autoritären Kurs im eigenen Land aufgeben würde. Ein Scheitern der Reformen in der Ukraine wäre für Moskau der beste Beweis, dass eine Orientierung am Westen und das Streben nach westlicher Demokratie nichts als Chaos hervorbringen.

Schwaches Russland, starker Putin

Ist das heutige Russland, das sich wieder als Großmacht gebärdet, eigentlich so stark, dass der Westen es als Bedrohung wahrnehmen muss? Betrachtet man Russland aus ökonomischer Perspektive, dann ist das Land auf dem absteigenden Ast. Russland hat über viele Jahre vom hohen

Ölpreis profitiert, der die Staatskasse so gut gefüllt hat, dass das Land viele Bedürfnisse erfüllen und sogar Devisenreserven in Höhe von mehreren hundert Milliarden Dollar anlegen konnte. Ende 2015 betrugen sie immer noch 360 Milliarden Dollar. Auch die Verschuldungsquote liegt mit zehn Prozent des Bruttoinlandprodukts niedriger als in den meisten EU-Staaten.

Doch derzeit befindet sich Russland in einer ernsten Wirtschaftskrise. Begonnen hat sie schon vor 2013. Der Verfall des Ölpreises seit Mitte 2014 von mehr als 100 auf zeitweise weniger als 30 Dollar pro Fass hat sie erheblich verschärft. Öl und Gas machen zwei Drittel der Staatseinnahmen und die Hälfte des russischen Budgets aus. Diese Abhängigkeit vom Öl hat dazu geführt, dass in den Jahren des Ölpreisbooms versäumt wurde, die dringend notwendigen Reformen auf eine breiter ausgerichtete Wirtschaft anzugehen. Die Sanktionen des Westens spielen für diese Wirtschaftskrise nur eine Nebenrolle; sie haben aber die Lage für die russische Führung noch schwieriger gemacht.

Seit 2014 stagnierten die Löhne und verfielen durch die Inflation rasch. Die Inflation machte 2015 etwa 13 Prozent aus, bei Lebensmitteln und Waren des täglichen Bedarfs betrug sie etwa das Doppelte. Nach offiziellen Angaben wuchs die Zahl der Bürger, die unter der offiziellen Armutsgrenze von einem Einkommen mit weniger als 150 Dollar im Monat leben, auf 22 Millionen an, das waren drei Millionen mehr als im Jahr zuvor. Heute gilt jeder siebte Bürger Russlands als arm. Eine Massenarbeitslosigkeit gibt es zwar nicht, aber durch die Inflation erlitten die Russen deutliche Reallohnverluste. Die Industrieproduktion ging zurück, auch die Bautätigkeit, weil die Zinsen für Kredite zu hoch sind. Wachstum gibt es vor allem noch in den Regionen, in denen die Rüstungsindustrie ihre Werke hat.

Insgesamt brach die russische Wirtschaft nicht so stark ein wie 1998 bei der Rubelkrise oder 2009 infolge der globalen Finanzkrise. Allerdings erholte sie sich in beiden Fällen nach etwa einem Jahr dank der Integration in die Weltwirtschaft wieder. Russische Ökonomen gehen heute von einer lang anhaltenden Krise aus, die sich besonders in den Städten bemerkbar machen wird. Schon jetzt gehen die Städter aus der russischen Mittelschicht weniger in Restaurants oder machen weniger Urlaub im Ausland. Zugleich steigt die Arbeitsimmigration, viele qualifizierte Russen besorgen sich den Pass eines anderen Landes, um im Ausland arbeiten zu können. IT-Spezialisten gehen nach Polen, in die baltischen Staaten oder nach Westeuropa. Ärzte, Wissenschaftler, Unternehmer verlassen ihr Land ganz. Wenig spricht jedoch dafür, dass die russische Wirtschaft zusammenbrechen – genauso wenig allerdings dafür, dass sie sich rasch erholen wird.

Die EU hat im März 2014 Sanktionen diplomatischer Art sowie gegen einzelne Personen und auch Wirtschaftssanktionen für bestimmte Sektoren erlassen. Damit reagierte sie auf die Annexion der Krim. Im Sommer 2014 weitete sie die Sanktionen wegen des russischen Vorgehens in der Ukraine aus, verschärfte sie noch einmal im September angesichts der anhaltenden Kämpfe. Da Russland den Konflikt in der Ukraine trotz der diplomatischen Bemühungen zur Beilegung vorantrieb, gab es für die EU kaum eine Alternative. Die Sanktionen führten dazu, dass russische Unternehmen von den internationalen Finanzmärkten abgeschnitten wurden. Sie konnten sich nur noch kurzfristig Geld leihen, was die Investitionstätigkeit erheblich bremste. Die Sanktionen trafen auch die Ölindustrie, da Investitionsprojekte zur Erschließung neuer Ölfelder abgesagt wurden. Die Erwartung der russischen Regierung, aber auch im Ostausschuss der deutschen Wirtschaft, dass sich der Ölpreis schon bald erhole, wird von den meisten russischen wie westlichen Ökonomen nicht geteilt.

Die Sanktionen des Westens haben Russland also getroffen. Die Bevölkerung macht allerdings mehrheitlich nicht die Führung ihres Landes für die Sanktionen verantwortlich. Der russischen Führung ist es gelungen, sie als eine ungerechtfertigte Maßnahme des Westens darzustellen, die auf die Schwächung und Zerstörung Russlands zielt. So kann sie die Sanktionen für die nationalistische Mobilisierung nutzen und zugleich von eigenen Fehlern in der Wirtschaftspolitik ablenken. Nur als Russland im Zuge der Gegensanktionen, die es für europäische Agrarprodukte und Lebensmittel verhängte, dazu überging, importierte Lebensmittel zu vernichten, sprach sich die Hälfte der Bevölkerung gegen solche Aktionen aus. Russland gelang es im Agrarsektor, die Importe aus Europa zu ersetzen. Für die Sanktionen im Bereich der Hochtechnologie sieht es schwieriger aus. Die deutschen Exporte nach Russland brachen infolge der Sanktionspolitik um etwa ein Drittel ein. Das betrifft vor allem den Maschinenbau und Investitionsgüter, da im Verteidigungssektor und im Energiebereich nicht mehr geliefert werden kann.

Sollte die EU also ihre Sanktionen aufheben? Die russische Führung hätte dann nicht mehr die Möglichkeit, der EU den Schwarzen Peter für die wirtschaftliche Krise zuzuschieben. Zugleich würde sie die Aufhebung der Sanktionen als Sieg der Gerechtigkeit ausschlachten. Eine Aufhebung der Sanktionen wäre nicht zuletzt ein moralischer Sieg Putins. Der Kreml würde das als Beleg dafür ausgeben, dass Russland bei der Krim-Annexion gerecht gehandelt habe. Doch Europa würde unglaubwürdig dastehen, wenn es die Sanktionen aufhöbe, ohne dass man einer Lösung im Ukraine-Konflikt nähergekommen wäre.

Sanktionen wirken vor allem, wenn sie zielgerichtet und langfristig sind. Das ist bei den Sanktionen gegen Moskau der Fall. Doch in der Bundesregierung bröckelt die Front der Sanktionsbefürworter sowohl in der SPD als auch in der CSU. Wirtschaftsminister Sigmar Gabriel, zugleich SPD-Chef, tat im Oktober 2015 bei einem Treffen mit Putin in Moskau seine »persönliche Meinung« kund, die Sanktionen könnten nach und nach aufgehoben werden. Und Anfang Februar 2016 reiste der bayerische Ministerpräsident und CSU-Chef Horst Seehofer in Begleitung seines Vorgängers Edmund Stoiber nach Moskau, um sich dort gegen die Sanktionen seiner eigenen Bundesregierung zu positionieren. Seehofer tat das, wenige Tage nachdem der »Fall Lisa« die deutsch-russischen Beziehungen belastet hatte. Doch Putin versicherte ihm, er wolle sich nicht in Deutschlands Flüchtlingspolitik einmischen, was Seehofer in Moskau als »sehr nobel« bezeichnete.

Angela Merkel sieht sich also schon durch die eigenen Partner in der Bundesregierung unter Druck, wenn es um die Sanktionen geht.

In der EU Einigkeit über die Beibehaltung oder Aufgabe der Sanktionen zu wahren wird deshalb noch schwieriger werden. Dass Moskau viel dafür tut, dass die Sanktionen aufgehoben werden, beweist, sie sind nicht wirkungslos geblieben. Ebenso richtig ist, dass Sanktionen die heutige russische Führung nicht zu einer grundsätzlichen Änderung ihres außenpolitischen Kurses gebracht haben. Russland ist zwar schwach, aber diese Schwäche macht es nicht weniger gefährlich. Putins Stärke besteht vor allem darin, dass er versucht, in Krisen die Eskalationsdominanz zu bewahren. Er ist bereit, mehr zu riskieren als der Westen, selbst wenn es zum wirtschaftlichen Schaden seines Landes ist.

Zerplatzte Hoffnungen

Die Russlandpolitik des Westens muss spätestens mit der Annexion der Krim und dem Krieg in der Ukraine einer völligen Neubewertung unterzogen werden. Das, was bisher galt, hat keinen Bestand mehr. Die Möglichkeiten, über wirtschaftspolitische Maßnahmen Einfluss auf Russland zu nehmen, sind begrenzt, weil für die russische Führung politische Ziele Priorität haben. Das heißt zugleich, dass auch die Politik gegenüber Russland nicht durch wirtschaftliche Interessen dominiert werden sollte. Grundlage für die Beziehungen zwischen Europa und Russland waren bisher Handel und Investitionsprojekte. Die Erwartung, dass eine zunehmende wirtschaftliche Verflechtung eine tief greifende Krise mit Russland ausschließen würde, ist aber enttäuscht worden.

Putin setzt in der Außenpolitik eine neue Superwaffe ein: die Unberechenbarkeit. Das haben die Annexion der Krim, das militärische Vorgehen in der Ukraine und auch die russische Intervention in Syrien gezeigt. Der Westen tat sich in allen Fällen schwer, auf dieses Vorgehen zu reagieren, weil er es nicht voraussehen und einschätzen konnte. Putin ging, aus einer taktischen Sichtweise betrachtet, in allen Fällen äußerst geschickt vor. Wer nie weiß, welchen Schritt das Gegenüber macht, rechnet immer mit dem Schlimmsten. So erreichte Putin, dass der Westen in Zukunft mit Russland rechnen muss. Wenn ihr uns nicht achten, nicht respektieren wollt, dann sollt ihr uns wenigstens fürchten – das ist die Haltung, die hinter einer solchen Politik steht.

Unberechenbar zu sein und immer zuschlagen zu können ist allerdings auch die Taktik, mit der Partisanen und Guerilleros ihren Kampf führen. Es ist die Offensive jener, die zu schwach sind, eine offene Konfrontation zu wagen. Es ist auch ein Ausdruck von Russlands Schwäche, dass Putin zu dieser Waffe greift. Für die internationalen Beziehungen ist Unberechenbarkeit das Gift, das eine Zusammenarbeit zerstört. Denn diese Beziehungen beruhen auf Verlässlichkeit, darauf, dass der andere seine Zusagen einhält, Verträge beachtet, Grenzen akzeptiert und vereinbarten Gewaltverzicht übt. Erst diese Verlässlichkeit schafft Vertrauen. Die russische Führung hat dieses Vertrauen nachhaltig gestört. Der politische Dialog mit Moskau ist so immer schwieriger geworden. Der Westen muss davon ausgehen, dass Russland weiter ein unberechenbarer Nachbar sein wird, der Konflikte und Krisen schafft und sie zu seinem Vorteil ausnutzt.

Kann der Westen auf etwas hoffen, wenn es um Russlands Entwicklung geht?

Lange ging die westliche Politik davon aus, dass der wirtschaftliche Aufschwung in Russland in Verbindung mit einer Modernisierung des Landes eine Mittelschicht hervorbringen und dass diese Rechtsstaat und Demokratie einfordern würde. Durch die Unterstützung dieses Prozesses wollten die westlichen Regierungen indirekt auch auf die russische Innenpolitik einwirken. Diese Erwartung hat sich als Illusion erwiesen. Nicht nur der Westen erlag ihr. Auch in Russland glaubten Fachleute, dass eine Mittelschicht ein demokratisches und rechtsstaatliches Bewusstsein ausbilden werde. Sie gingen davon aus, dass das Russland der 14 Millionenstädte mit einer an westlichem Konsum orientierten Bevölkerung der Kern einer demokratischen Bewegung sein werde, die Bevormundung durch einen autoritären Staat ablehnt, den xenophoben und antiwestlichen Mobilisierungskampagnen nicht folgt und den politischen Prozess mitgestalten will.

Die Ökonomin und Soziologin Natalja Subarewitsch nannte diesen Teil der russischen Bevölkerung das »erste Russland«, das sich unterscheide vom zweiten Russland der Industriestädte in der Provinz, die von staatlichen Zuwendungen leben, und dem sterbenden dritten, dem ländlichen Russland. Die nationale Begeisterung, ja der imperiale Rausch, der die russische Bevölkerung nach der Annexion der Krim erfasste, hat Zweifel daran aufkommen lassen, dass diese Sicht zutreffend war. »Das erste Russland ist tot«, sagt Subarewitsch heute ernüchtert. Für die Annahme, dass eine Mittelschicht in Russland der Träger demokratischer Veränderungen sein werde, gibt es wenig Hoffnung. Die ökonomische Mittelklasse Russlands arbeitet meist für den Staat – in der Verwaltung, der Armee, der Polizei, den Sicherheitsdiensten, den Kreml-Medien oder auch als Ärzte und Lehrer. Ihr Status ist von der Stabilität des Staates abhängig. Sie wird sich deshalb, wie die Moskauer Ökonomin Ekaterina Schulmann sagt, an diesem Staat orientieren und keine Forderungen stellen, die seinem Kurs zuwiderlaufen. Die Erwartung, dass aus Konsum und Wohlstand das Bedürfnis nach politischer Partizipation erwächst, hat sich für Russland bisher nicht erfüllt.

Viele im Westen hofften zudem darauf, die junge Generation in Russland werde das Land in einem demokratischen Sinne verändern. Schließlich ist sie, so die Vorstellung, in einer Marktwirtschaft und ohne den Ballast der kommunistischen Ideologie aufgewachsen. Doch lebt die heutige Jugend Russlands schon 15 Jahre unter Putin und kennt keine andere Form der Regierung. Im Gegenteil: Alle Umfragen zeigen, dass die Jugend der Teil der Bevölkerung ist, der Putin am meisten unterstützt und nicht demokratisch, sondern nationalistisch eingestellt ist. »Diese Generation ist für die Demokratie schon verloren«, sagt Lew Gudkow, der Leiter des Lewada-Zentrums, eines unabhängigen Meinungsforschungsinstituts in Moskau. Gerade weil diejenigen, die heute zwischen 20 und 25 Jahre alt sind, die Sowjetunion nicht mehr erlebt haben, verfestigte sich bei ihnen die Vorstellung von einem verloren gegangenen Paradies, das in einer Zeit existierte, als Russland gefürchtet und geachtet war. So spricht nichts dafür, dass ein Wandel Russlands hin zu einer Demokratie in absehbarer Zeit zu erwarten ist. Anders gesagt: Alles spricht dafür, dass in der westlichen Russland-Politik endlich Realismus einkehren muss.

11. Was tun?

Was also soll der Westen, was soll Europa tun, um in Putins kaltem Krieg zu bestehen? Zehn Thesen sollen helfen, eine Antwort zu finden.

1.

Putin ist ein autoritärer Herrscher, der den Westen verachtet und ein ganz anderes Entwicklungsmodell als das westliche für Russland verfolgt. Der Westen wollte das lange nicht sehen, stattdessen wurde weiter von einer »strategischen Partnerschaft« mit Moskau gesprochen. Die Vorstellung, Russland könne mit einer Modernisierungsagenda oder einem Wandel durch Verflechtung zu einem weniger autoritären Kurs bewegt werden, war trügerisch. Es war ein Fehler, an diesen überholten Konzepten nach dem Georgien-Krieg 2008 festzuhalten. Im Umgang mit Russland ist Nüchternheit angesagt. Die beliebte Haltung »Ohne Russland geht es nicht« führt allein nicht weiter. Gemeinsam mit Russland lassen sich globale Probleme besser lösen. In vielen Fragen wird das – leider – mit der heutigen russischen Führung nicht gehen. Darauf, dass Russland Verträge und Absprachen einhält, kann der Westen nicht mehr vertrauen. Sicherheit und Stabilität müssen teilweise ohne Russland gesucht werden.

2.

Russland will den Westen schwächen und die Europäische Union spalten. Dafür unterstützt der Kreml die europafeindlichen extremistischen Kräfte in Europa. Der Westen muss geschlossen und selbstbewusst auf diesen zweiten kalten Krieg reagieren. Er muss Russland gelassen, aber unverständlich klarmachen, dass er seine Interessen und Werte verteidigt. Die russische Führung sieht den Westen als Kraft, die einen Regimewechsel in Russland herbeiführen will. Der Westen sollte dem Kreml klarmachen, dass er dieses Ziel nicht verfolgt. Dass es gelingt, Putin von dieser paranoiden Sicht abzubringen, ist nicht wahrscheinlich. Das autoritäre russische Regime wird sich eher weiter verhärten. Die Gruppe um Putin wird alles tun, um an der Macht zu bleiben. Russland wird eine anhaltende Herausforderung bleiben.

3.

Europa muss sich gegen mögliche russische Aggressionen schützen. Nato und EU müssen bereit sein, militärisch zu antworten, wenn ihr Gebiet betroffen ist – sie müssen glaubhaft machen, dass das für alle ihre Mitglieder gleichermaßen gilt. Wenn eine Aggression etwa in Estland, Lettland oder Litauen erfolgt, muss der Westen reagieren. Verteidigungsfähig zu sein bedeutet auch, dass Europa sich auf Szenarien hybrider Kriege und bewaffneter lokaler Konflikte einstellen muss.

4.

Europa muss erkennen, dass es auf die Konfrontation mit einem rein machtpolitisch agierenden Russland bisher schlecht vorbereitet ist. Es muss auch auf den nichtmilitärischen Feldern, auf denen Russland die Auseinandersetzung mit dem Westen führt, mehr als bisher tun. Europa muss stärker gegen russische Spionage vorgehen und dafür seine Spionageabwehr stärken, muss sich gegen Cyber-Angriffe besser wappnen. Der russischen Propaganda muss es Information und Aufklärung entgegensetzen. Der Instrumentalisierung russischsprachiger Bevölkerungsgruppen durch den Kreml muss die EU entgegenwirken, europäische russischsprachige Medien könnten dabei helfen.

5.

Der Westen darf die Annexion der Krim nicht akzeptieren und die Separatistenrepubliken im Osten der Ukraine nicht anerkennen. Jede andere Haltung würde bedeuten, dass Russland im postsowjetischen Raum nach Gutdünken schalten und walten kann. Sanktionen bleiben ein Mittel, um auf die russische Aggression zu reagieren. Es wäre zugleich unrealistisch zu erwarten, dass Russland die Krim zurückgibt oder sich aus der Ukraine ganz zurückzieht. Die EU sollte die Ukraine weiter stützen, dabei aber entschiedener auf einen Reformkurs und die Entmachtung der Oligarchen dringen. Der Ukraine soll eine engere Anbindung an die EU ermöglicht werden. Die Nato-Mitgliedschaft der Ukraine sollte auf absehbare Zeit ausgeschlossen sein. Die EU darf zugleich ihr Verhältnis zu den östlichen Nachbarn Ukraine, Moldau oder Georgien nicht durch Moskau bestimmen lassen. Die europäische und auch die deutsche Politik gegenüber diesen Ländern sollte nicht durch eine Fixierung auf Russland geprägt sein.

6.

Trotz aller Differenzen muss der Westen den Dialog mit Moskau führen und nach Kompromissen suchen. Kompromissbereitschaft wird allerdings vom Kreml schnell als Schwäche ausgelegt. In der russischen Politik herrscht das Denken in Sieg und Niederlage vor, eine Kultur des Kompromisses ist schwach ausgebildet. Deshalb muss der Westen Härte und Standhaftigkeit unter Beweis stellen. Das bedeutet allerdings nicht, den anderen in eine Situation zu bringen, die er als ausweglos oder demütigend ansieht. Russlands Sicherheitsbedenken, vor allem gegenüber der Nato, mögen aus westlicher Sicht unberechtigt sein, außer Acht lassen sollte der Westen sie aber nicht. So könnte der Westen in der Frage des Raketenabwehrschirms Moskaus Bedenken Rechnung tragen.

7.

Europa sollte Russland nicht vollständig isolieren. Die EU sollte ihre eigene Politik gegenüber Moskau formulieren. Die Interessen Europas unterscheiden sich, wenn es um Russland geht, innerhalb der EU von einem Land zum anderen. Die baltischen Staaten und Polen haben aus ihrer historischen Erfahrung ein hohes Sicherheitsbedürfnis gegenüber dem großen Nachbarn im Osten. Die Südeuropäer streben eine engere Zusammenarbeit mit Moskau an. Damit Russland Europa nicht spalten kann, ist es notwendig, eine EU-Strategie gegenüber Moskau zu entwickeln. Hier kommt es nicht zuletzt auf Deutschland an, das die Befürchtungen der Polen und Balten versteht, aber auch enge Verbindungen zu den südeuropäischen Ländern hat. Eine Sonderbeziehung Berlins zu Moskau, wie sie Schröder mit Putin pflegte, muss der Vergangenheit angehören.

8.

Diese Politik Europas gegenüber Russland würde in Teilen gleich mit der Politik Washingtons sein, in anderen Teilen aber nicht. Für die Vereinigten Staaten hat Russland derzeit keine Priorität. Eine neue amerikanische Regierung wird wahrscheinlich eine härtere Gangart gegenüber Moskau einschlagen. Unabhängig davon hat Europa wirtschaftlich und politisch in der Beziehung zu Russland zum Teil andere und größere Interessen als die Vereinigten Staaten.

9.

Trotz des harten Kurses Moskaus muss der Westen Geduld mit Russland haben, ohne falsche Nachsicht zu üben. Russland leidet unter einem postimperialen Syndrom, es braucht Zeit, dieses Trauma zu verarbeiten. Es ist wie ein pubertierender Junge, der den Halbstarken gibt, um seine eigene Unsicherheit und seine Minderwertigkeitskomplexe zu überspielen. Man muss diesen Jungen verstehen, ihm helfen, erwachsen zu werden. Aber auch ein solcher Junge kann gefährlich werden, wenn man ihm nicht rechtzeitig Grenzen setzt. Europa sollte die realistischen Kräfte in der russischen Politik und Zivilgesellschaft stützen, die den jetzigen Kurs für den Weg in eine Sackgasse halten und die sich für einen demokratischen Wandel und eine gesellschaftliche Modernisierung in Russland einsetzen. Dabei muss klar sein, dass der Kreml Anstrengungen des Westens, diese Kräfte zu stärken, enge Grenzen setzen wird.

10.

In Russland haben heute die Leute aus dem Geheimdienst und dem Militär das Sagen. Sie haben im Innern die Daumenschrauben angezogen, sie schwören die Bevölkerung auf einen antiwestlichen Nationalismus ein. Die offensichtlichen Meinungsverschiedenheiten und Schwächen Europas, etwa in der Flüchtlingskrise, wird Russland rücksichtslos ausnutzen. Das ist eine Gefahr für den Bestand des ohnehin in Turbulenzen geratenen europäischen Einigungsprojekts. Europa hat diese Gefahr lange ignoriert. Das Beste anzunehmen mag sympathisch sein. Aber es ist naiv und gefährlich, die Augen vor einer Gefahr zu verschließen, statt Selbstbehauptung zu üben. Nur wenn der Westen seine Stärke gegenüber Russland wiederfindet, wird er seine Ordnung verteidigen können.

Nachwort

Seit mehr als dreißig Jahren beschäftige ich mich mit Russland. Als Student habe ich in Moskau ein Jahr die Perestroika in der Noch-Sowjetunion erlebt, als Doktorand die Jelzin-Ära in den frühen neunziger Jahren, als Korrespondent der »Frankfurter Allgemeinen« die ersten fünf Jahre der Präsidentschaft von Wladimir Putin. In Russland habe ich gute Freunde gefunden. Während zahlreicher Reisen habe ich seine Vielfalt erfahren, nicht zuletzt die Vielfalt an Problemen. In den Beschreibungen dieses Landes und der Politik seiner Führung habe ich immer versucht, eine kritische Sicht mit Fairness und Verständnis zu verbinden. Dass ich die gegenwärtige politische Entwicklung skeptisch beurteile, das verbindet mich mit vielen, denen das Land nicht gleichgültig ist, im Westen wie zum Glück auch in Russland selbst. Ein solches Buch entsteht immer auch als Ergebnis von Dialogen. Für anregende Gespräche danke ich Lew Gudkow, Uwe Klußmann, Stephan Meister, Hans-Henning Schröder, Jens Siegert, Natalja Subarewitsch und Dmitrij Trenin. Auch in der Berliner Politik habe ich immer wieder mit vielen politisch Verantwortlichen über Russland gesprochen – stellvertretend seien Christoph Heusgen, Ruprecht Polenz und Gernot Erler genannt. Dank geht auch an alle Gesprächspartner in Berlin und Moskau, die nicht genannt werden können. Stefan Ulrich Meyer von Droemer Knaur hat mit anhaltendem Interesse und gewohnt guter Betreuung dafür gesorgt, dass der Text dann wirklich geschrieben wurde.

Mein Kollege und häufiger Co-Autor Eckart Lohse und meine Frau Christiane Golz haben das Manuskript gelesen und Hinweise gegeben. Jochen Golz hat in bewährter Manier Fehler gefunden. Ihnen allen sei gedankt. Berthold Kohler, dem Herausgeber der »FAZ«, danke ich dafür, dass er es mir ermöglicht hat, dieses Buch zu verfassen.

Anmerkungen

1. Putins Ziele, Russlands Ideologie

1 http://www.koerber-stiftung.de/fileadmin/bg/PDFs/bnd_101_de.pdf, S. 37–38.
2 Ibid., S. 62.
3 Vgl. James Sherr: The New East-West Discord. Clingendael Report 2015, S. 54
4 Zitiert nach Hans-Georg Ehrhart: Russlands unkonventioneller Krieg in der Ukraine: Zum Wandel kollektiver Gewalt. Aus Politik und Zeitgeschichte, 64. Jahrgang, 47–48/2014, S. 29.
5 Irina Scherbakowa/Karl Schlögel: Der Russland-Reflex. Einsichten in eine Beziehungskrise. Hamburg 2015, S. 127.
6 So Igor Mintusow, zitiert nach Ulrich Schmid: Technologien der Seele. Vom Verfertigen der Wahrheit in der russischen Gegenwartskultur. Berlin 2015, S. 14.
7 Ulrich Schmid: Technologien der Seele. Vom Verfertigen der Wahrheit in der russischen Gegenwartskultur. Berlin 2015.
8 Felix Ingold: Machtvertikale. FAZ, 27.3.2007.
9 Zitiert nach Roland Götz. Die andere Welt. Im Izborsker Klub: Russlands antiwestliche Intelligencija. Osteuropa 2015/3, S. 109–138.
10 Ulrich Schmid: a.a.O., S. 208–209.
11 Zitiert nach: Wie tickt Putin? Ivan Krastev über sein Abendessen mit dem Kreml-Chef. http://www.profil.at/ausland/wie-putin-ivan-krastev-abendessen-kreml-chef-378883

2. Krieg dem Westen: Russland und die farbigen Revolutionen

1 Zitiert nach Grigorij Ochotin: Agentenjagd. Die Kampagne gegen NGOs in Russland. Osteuropa 2015/1–2, S. 83–94.
2 Siehe Sergej Belanovskij et al.: Bewegung in Russland. Der Aufstieg der Mittelschicht und die Folgen. Osteuropa, 2012/1, S. 79–99.

3 Siehe William Zimmermann: Russland regieren. Von Lenin bis Putin. Darmstadt 2015, S. 287–289.
4 Michail Sygar: Endspiel. Die Metamorphosen des Wladimir Putin. Köln 2015, S. 109.
5 Siehe Michail Sygar: a.a.O., S. 114–115.
6 Zitiert nach Heidi Reisinger, Aleksandr Golz: Hybrider Krieg in der Ukraine. Osteuropa 2014/9–10, S.119–134.

3. Spiel ohne Regeln: Putin, die Krim und der Krieg in der Ostukraine

1 Zitiert nach Michail Sygar: Endspiel. Die Metamorphosen des Wladimir Putin. Darmstadt 2015, S. 185.
2 Zitiert nach Martin Malek: Moskaus Schlachtpläne. Osteuropa 2014/92–10, S. 97–118.
3 Vgl. James Sherr: The New East-West Discord. Clingendael Report December 2015, S. 21.
4 Zitiert nach Michail Sygar: a.a.O., S. 340.

4. Die neue Militärmacht

1 Gustav Gressel: Russia's quiet military revolution, and what it means for Europe. European Council on Foreign Relations, October 2015.
2 Am unteren Limit. Deutscher Nato-General sieht Machtbalance in Gefahr. DPA-Interview mit Hans-Lothar Domröse vom 30.12.2015.
3 Aleksandr Golts: Die Militärreform in Russland und ihre Folgen. Russland-Analysen Nr. 306, 04.12.2015.
4 Siehe Gustav Gressel: a.a.O.
5 Gustav Gressel: Ibid.
6 Siehe hierzu Hannes Adomeit: Russlands imperialer Irrweg. Osteuropa 2015/3, S. 67–93.
7 Gustav Gressel: a.a.O., S. 15.

5. Russlands Informationskrieg

1 Zitiert nach: Heinrich Vogel: Putin, der Putinismus und Europa. SWP Berlin, Januar 2015.
2 Zitiert nach Julian Staib: Putin schickt ein ganzes Bataillon bezahlter Agenten ins Netz. FAZ 20.06.2014.
3 Siehe hierzu: Diebesgrüße aus Moskau. Der Spiegel 2015/50, S. 33.

7. Rechts und links: des Kremls extremistische Freunde

1 Siehe Klaus-Helge Donath: Des Kremls neue Freunde aus dem Westen. Die Tageszeitung (taz), 24.03.2015.
2 Zitiert nach Michaela Wiegel: Mit Putins Werten, FAZ 20.12.2014; dies.: Mit Putin die christliche Zivilisation retten. FAZ, 23.05.2014.
3 Zitiert nach http://www.br.de/fernsehen/das-erste/sendungen/report-muenchen/videos-und-manuskripte/putins-netzwerk100.html.
4 Zitiert nach: https://www.compact-online.de/rede-von-alexander-gauland-zur-krise-der-ukraine-auf-dem-bundesparteitag-der-afd-erfurt/.
5 Heinrich August Winkler: Zerreißproben. Deutschland, Europa und der Westen. München 2015, S. 80.
6 Zitiert nach http://www.die-linke-spandau.de/uploads/media/Rede_von_Monika_Merk_am_8__Mai_2014.pdf.
7 Zitiert nach Matthias Meisner: Lafontaine bei den Putin-Verstehern. Tagesspiegel, 20.05.2014.
8 Zitiert nach Tobias Bayer: Matteo Renzis Drahtseilakt in Moskau. Die Welt, 06.03.2015.
9 Zitiert nach Michaela Wiegel: Wladimir Putins französische Freuden. FAZ, 29.10.2015.
10 Zitiert nach Claire Demesday: »Die Wahrheit hat immer zwei Seiten«. Frankreichs offenes Ohr für die russische Propaganda. DGAP kompakt, Berlin 2015.

8. Die Russland-Versteher

1 Alle Zitate nach der Rede von Eckhard Cordes: Deutschland und Russland – Wege aus der Vertrauenskrise. Veranstaltung im Rahmen von 60 Jahre DGAP am 9. Juni 2015.
2 Zitiert nach: http://www.zeit.de/politik/2014-12/aufruf-russland-dialog.
3 Andreas Heinemann-Gründer: Lehren aus dem Ukrainekonflikt. Osteuropa 2015/4, S. 3–24.
4 Siehe Michael Thumann: Es gibt kein Zurück zur alten Ostpolitik. http://www.zeit.de/politik/ausland/2014-11/krim-krise-russland-ostpolitik.
5 http://www.bild.de/politik/ausland/wladimir-putin/interview-mit-dem-russischen-praesidenten-russland-44091672.bild.html.

9. Moskaus Spiel in Syrien

1 Siehe Putins Krieg. Der Spiegel, 28.11.2015.

10. Hilfloser Westen?

1 Zitiert nach http://www.eurasischesmagazin.de/ticker/Wladimir-Putin-zum-Anschluss-der-Krim-Rede-im-Wortlaut-Volltext/121.